渋沢栄一

「学び」福祉の未来

ノートルダム清心女子大学教授
杉山博昭 著

青月社

はじめに

福祉の先駆者としての渋沢

二〇二四年から使用されることが予定されている新一万円札の肖像が、渋沢栄一になります。渋沢栄一を紹介するときには、周知のように「日本資本主義の父」という説明がよくなされます。現在まで続いている数々の有名企業の創設に関与してきました。

渋沢の主たる業績が企業経営にあることはもちろんですが、渋沢のもう一つの貢献として、福祉の発展に尽力したことが挙げられます。

しかし渋沢が日本の福祉に大きな足跡を残したことは、経営学や経営史ではあまり重視されていないように感じます。たとえば、岩波新書から出ている島田昌和『渋沢栄一　社会企業家の先駆者』は、渋沢について適切にまとめられた優れた著作ではありますが、福祉に関することは、わずか四ページ弱、それも東京養育院の院長であったという、ごく限られたことに触れているに過ぎません。

ではは福祉の側で渋沢が重視されていたのかといえば、そうではありません。むしろ、とんでもない悪人というイメージで語られてきました。

私は社会福祉学部の出身ですが、学生時代に身についた渋沢についての知識は「戦前の営利追求主義者。せっかく政府が気の毒な女工を救うべく工場法制定をしようとしたのに、反対した非人道的な極悪人」というものでした。当時の風潮では、渋沢が工場法に当初は反対していたことが強調されがちでした。工場法をやがて是認し、労働組合も認めていくことは無視されていたのです。

渋沢の福祉への業績のひとつは、中央慈善協会という、現在の全国社会福祉協議会の初代会長だったことです。近代社会の発展のなかで、慈善事業と称される今の福祉の先駆をなす活動が起き、やがて全国に広がっていきます。それを組織化すべく、中央慈善協会が創設されました。協会の組織化のプロセスに国が関与していましたので、社会福祉の歴史を語るとき、協会のことについてあまり良く言われません。そして、協会が駄目な団体だった根拠の一つとして、渋沢が会長だったことが指摘されてきました。

私が福祉を学び始めたのは一九八〇年代ですが、福祉について次のように捉える考え方が大きな力を持っていました。

社会には資本家と労働者がいて、労働者は生活苦にあえいでいる。そこで労働者は、自分達の生活を改善するために立ち上がって福祉を要求してきた。資本家は本当は福祉なんかやりたくないのだが、要求を放置していると革命がおきかねない。そこで資本家は譲歩して福祉を少しは整備する。

こういう捉え方のもとで、福祉の仕事をする者は、労働者の立場に立たなければならないとされてきました。

その後、こういう階級史観的な発想は薄れました。代わって強まってきたのは以下のような考えです。

福祉は障害者のように虐げられている人のものである。福祉の仕事をするのであれば、障害者や虐待を受けている子どもなど、社会的に不利な立場に立たされている人の立場で動くべきである。

いずれにせよ、渋沢を福祉の味方として、積極的に学んでいく発想ではありません。

渋沢は明らかに資本家の側ですし、社会的に不利な立場とは正反対の場所にいました。ですから、福祉の側に立つ者にとって、渋沢が味方になることはありえなかったのです。そのため、福祉の世界では、その業績を率直に評価するのではなく、大げさにいえば「こんな悪人が福祉に関与していた」という負の歴史として扱われてきました。

本書では、渋沢が福祉に大きく貢献した史実を確認していきます。渋沢はさまざまな福祉活動を展開して、日本の福祉の基礎を築くのに貢献しました。渋沢がいなければ、日本の福祉の発展は大きく遅れたに違いありません。

そして、渋沢から何を学ぶべきかを考えていきたいと思います。

なぜ渋沢と福祉との関係を問うのか

私は、福祉専門の大学で学び、福祉施設などでの働きを経て、大学で福祉を講じるようになりました。かっこよく言えば「福祉一筋三〇年」ということです。そんな私を知る人は、私が渋沢を評価するような本を出したと知れば、「杉山は、あろうことか資本家を礼賛するようになって、すっかり堕落しきった」と厳しく批判するかもしれません。

私は決して堕落していませんし、不利な立場の人の側に立ち続けるつもりです。それでもなお、渋沢から学ぶことを本書で提起するのはなぜなのか。

近年の日本社会において、あまりに強欲で無責任な経営者がはびこっています。そこには、公共性とか社会連帯といった発想が微塵も感じられません。このことに強い危機感を抱きます。

私は、日本が資本主義社会である以上、資本家が利益を最大限追求するのは当たり前だし、むしろそれが義務だと思っています。しかし、自由競争で勝った者は勝ち誇るだけではなく、勝者としての責務もあるのではないでしょうか。

しかし、実際はどうなのか。大手自動車メーカーの外国人経営者は、もともと異常な高額報酬で、批判されても居直っていました。それだけでも十分に不快でしたが、会社を私物化して私腹を肥やしていたことが明らかになりました。アパレル通販で成功した若手経営者は、わけもなく100万円配るなどという奇怪なことをやりました。

大手コンビニでは、恵方巻などというありもしない食習慣をでっちあげて、食品ロスを大量に発生させました。そればかりか、売れなければ高校生のバイトにまで売りつけているとの指摘があります。今どきの高校生のバイトは遊興費のためではなく、家計が苦しいのでやっていることも少なくありません。

こんな経営者たちは、貧困な子どもとか、DVから逃げ回っている女性とか、介護地獄に苦しんでいる人とか、そんなことにいささかでも関心があるのでしょうか。大部分の経営者は無関心にしか見えません。

稀には、不利な立場の人たちに気づいて対応しようとした経営者はいます。ヤマト運輸を宅配事業のトップ企業として育てた小倉昌男氏は、障害者福祉に強い関心を持つようになり、ヤマト福祉財団を立ち上げました。

障害者への関心を深めるなかで、「きょうされん」（作業所と呼ばれる障害者の働く場の団体）という障害者団体を訪問しました。そのエピソードは森健『小倉昌男　祈りと経営　ヤマト「宅急便の父」が闘っていたもの』に詳細に書かれています。

受け入れた団体の責任者の藤井克徳氏は「ワンマンな大声の社長」というイメージをもっていましたが、実際には、著名な経営者でありながら謙虚に学ぶ姿勢だったそうです。藤井氏は自身にも障害がありますが、小倉氏を信頼するようになりました。以後、障害者福祉の推進のために、藤井氏は小倉氏と協力して活動していきます。

小倉氏は福祉への思索や取り組みを進めて、著書として『福祉革命』を出版するに至りました。

残念ながら小倉氏のような経営者は、例外中の例外であるといわざるをえません。私は、強欲で私利私欲のみに明け暮れる者が、すぐれた経営者として礼賛される今の社会に抗議します。

抗議するという場合、代案を示すことが必要です。その代案が渋沢です。渋沢も、初期資本主義の時代の経営者として、行き過ぎたことや間違ったこともしたのでしょう。しかし、貧困な人たちへの関心はありましたし、お金も出しました。時間も用いました。

渋沢を「日本資本主義の父」というのなら、資本主義の人たちには同じようにふるまってほしいものです。今の経営者は、儲けることだけ渋沢を真似て、福祉への関心は真似ません。

歴史のなかに答えがある

今の福祉は行き詰っていて、どこかが間違っているように思えてならないのです。私が福祉系の教員として大学に勤め始めた頃は、社会福祉学部は人気があって、全国に次々と新たな福祉系の大学や専門学校が開校していました。

今はどうでしょうか。すっかり人気がなくなり、どこも定員割れや偏差値低下に悩まされています。高齢者施設では、職員が入所者を死なせたという事件が繰り返されています。福祉の仕事は、先の見通せない陰湿な業務のように思われています。

こうなってしまうのは、福祉の未来像が描けておらず、夢や希望が失われているのではないでしょうか。私が障害者作業所で働いていたとき超低賃金でしたが、それでもやっていけたのは、「障害者の生活をめぐる状況はこれではいけない。変えられるはずだ」という想いがあったからです。

今は、そういう想いを描くことができず、あるのは少子高齢化をめぐる厳しい将来像です。こういう混迷したときに必要なのは、歴史から学ぶことです。答えは歴史のなかにあるのです。今、福祉系の大学では、制度や援助の技術を学ぶことには熱心でも、福祉の歴史を学ぶことを軽視する傾向があります。歴史は役に立たないというのです。

実際は逆です。歴史をしっかり学ぶことがすべての始まりであり、歴史をしっかり学ぶことですべてを完結させられるのです。今こそ、誰もが歴史から学ぶ必要があります。

社会福祉士という国家資格があります。その養成課程で歴史を学ぶことはほんの少しです。むしろ、半分以上の時間を歴史の学習に用いても、決して多すぎることはありません。

渋沢は、福祉のさまざまな領域に関与しました。したがって、渋沢と福祉のつながりを学ぶことは同時に、福祉の歴史全体を学ぶことになります。福祉が混迷している今だからこそ、渋沢を通じて学ぶことがあるはずです。本書では、渋沢が福祉にどう関与したのかをたどることで、未来の福祉を考えていく手がかりを得ることを目指しています。

なお本書では、貧困や障害などハンディを持つ人を支援する活動について、「福祉」という用語を用います。渋沢の時代には今と同様の意味で「福祉」という語が使われることはなく、「慈善」「救済」「社会事業」などといわれていました。文脈上、当時の用語を使用することもありますが、渋沢の時代も現在も「福祉」と称します。

渋沢の発言そのものから学ぶために、渋沢の著作からの引用を行っていますが、旧かなづかいを現代の用法に書き換えたり、漢字をひらがなにしたりするなど、読みやすくするため修正しています。難解な文章について、文意を損なわないよう十分に配慮しつつ書き換えた箇所があります。また、渋沢の生きた時代に使用された用語には、今日から見れば不適切なものがあります。そうした用語を含む文章を引用した箇所があります。

渋沢栄一に学ぶ福祉の未来◉目次

第1章

福祉の先駆者としての渋沢

渋沢栄一は「日本資本主義の父」と呼ばれ、会社の創設や経営にすぐれた手腕を発揮し、高く評価されてきました。

そのほかにも、多様な社会貢献をしてきました。そのなかで強調しておくべきなのは、渋沢は福祉の先駆者である、ということです。

近代日本の歩みを始めたとき、日本の福祉はきわめてお粗末でした。そんななかで、先駆的な取り組みをする人が現れます。ほとんど何もないところからの取り組みですので、開拓者としての苦労の連続でした。

渋沢の広くて深い業績全体から見れば、福祉は渋沢が行った多様な活動の一つなのかもしれません。渋沢についての伝記や概説書がたくさん出版されていますが、そのどれもが、たくさんの業績を列挙して、その一つとして福祉が簡略に出てくるだけです。

私は福祉の側から渋沢を見ているだけです。渋沢の多様な業績はおろか、本業である経営者としての働きさえ、常識的な水準にさえ達しない程度の知識しか持ち合わせていません。

そんな私ですから、既存の渋沢伝や渋沢研究を批判するつもりはありません。ただ、福祉の側から見ている私からすると、渋沢の福祉への貢献はきわめて大きく、「その他いろいろ」の活動の一つというようにはとても思えないのです。

むしろ福祉が本業で、経営も含めて他のことが余技だったと思えてくるほどです。本書は全体を通じて渋沢の福祉への貢献の大きさを語っていきます。まず本章では、東京養育院という施設の院長の立場から、どれほど福祉の発展に尽力したのかを示していきます。

忘れられた先駆者としての渋沢

なぜ忘れられたのか

東京養育院を語る前に、渋沢が福祉の先駆者でありながら、そういうイメージが強くないのはなぜなのかを考えてみます。

仮に福祉関係者に「福祉の先駆者は誰だと思いますか」というアンケートをとったら、どんな人が出てくるでしょうか。

実際にやったことがないので推測にすぎませんが、岡山孤児院を創った石井十次とか、協同組合思想の先駆の賀川豊彦とかがたくさん書かれて、渋沢を書く人は少ないように感じます。

あるいは一般の人に「渋沢栄一と聞いて何をイメージしますか」と問うて、そこに選択肢として「福祉」「障害者への支援」「病者への共感」といったものを入れていても、選ぶ人はあまりいないのではないでしょうか。

困ったことに渋沢が福祉の先駆者であることは、これまで福祉の世界でもあまり強調されてきませんでした。福祉関係者がきちんと伝えないので、一般の人にまで伝わるわけがありません。渋沢と福祉とのつながりは、渋沢の専門家などごく限られた人だけが知っているという状況だと思います。

どうしてこんなことになったのでしょうか。

第一に、福祉の世界では「営利」ということへの抵抗感があります。長く福祉は、「非営利」ということを当然視して運営されてきました。近年では、介護事業を中心に営利企業の参入も普通になってきましたが、なお営利への否定的な見方が根強くあります。

福祉の歴史を語るときも、施設を創設した人物がいかにお金がなくて苦労したかが熱心に語られます。そのときは暗に「会社経営者のような営利追求者とは違って」という趣旨が含まれています。

そうなると、施設創設者が実は渋沢という営利追求にいそしんだ人と懇意だったというのでは、ストーリーがおかしくなります。

第二に、福祉の歴史上の人物について、「愛」に満ちた人格者であることが強調されることがあります。岡山孤児院を創設した石井十次や、神戸の貧困者を救済することから始まってたくさんの福祉活動を行った賀川豊彦に関しては、映画が制作されてきました。そこに登場する石井や賀川は、「愛」や使命感に燃えた、正義のヒーローです。

渋沢の経営者としての言動のなかには、すばらしいとはいえないこともあったでしょう。「愛」を貫く正義のヒーローというにはやや苦しい気がします。むしろ、工場法に当初反対するなど、弱者をいたぶった悪の権化という印象さえあります。正義のヒーローが実は悪の渋沢と懇意だというのも、ストーリーがおかしくなります。

平成仮面ライダーは、正義と悪が入り乱れて、私のような昭和仮面ライダー派からすれば意味不明です。最初の仮面ライダーはすっきりした世界観でした。世界征服を狙う悪組織のショッカーと戦う、正義のヒーローの物語です。

もし、正義の仮面ライダーが、実はショッカーの幹部と友人で、生活費をもっぱら幹部から受け取っていたというなら、仮面ライダーの話は成り立ちません。仮面ライダーが福祉施設創設者、ショッカーは資本主義ということです。

第三に、福祉の人たちは、「貧困」とか「欠乏」が好きなのです。岡山孤児院では、あるとき食糧がまったく無くなります。どうにもならなくなって神に祈ったら、翌日多額の寄付金が届けられて危機を脱します。静岡県浜松市に聖隷福祉事業団という巨大な社会福祉法人がありますが、創設期には長谷川保という人を中心にした、小さな結核患者の施設でした。経営難で立ち行かなくなって、神にすべてを委ねようと祈ります。すると、さっそく皇室からの下賜金が出て、やはり危機を脱します。

福祉の人はこういう話を好みます。富豪の人に頼みにいったという話では、すっきりしません。かくして、福祉実践者の困窮ストーリーは繰り返し語られますが、渋沢のことは忘れられてきました。

第四に、福祉を学問として研究する人たちの間では、マルクス主義の影響が強くありました。労働者が正義、資本家が悪、ということになります。施設創設者に労働者的な性格があればあるほど高く評価されます。

たとえば、出自は武士であるより、農民のほうが好まれます。渋沢のごとき資本家が、高く評価されるなどありえないことです。かといって、渋沢の福祉に寄与した史実までは否定できませんので、あまり語られない、ということになります。

渋沢の時代の福祉

以上のような状況で、渋沢と福祉の関係は無視されてきたのです。しかし、渋沢が生きた一九三一年までの福祉の歴史のなかで、渋沢の貢献は大きなものがあります。

明治維新を経て、日本が近代への歩みを始めたとき、公的な福祉制度はほとんどありませんでした。当時、福祉国家の思想などといったものはありませんし、国の財政も苦しいものでしたので、それは当然かもしれません。

もちろん何もなかったわけではなく、一八七四（明治七）年に恤救規則という法律が制定されます。今でいう生活保護制度、つまり生活困窮に陥った人を助ける制度です。

しかし、今の生活保護とは考え方も内容も随分違います。今の生活保護は、国の責任であり、国民の権利です。生活保護基準を下回って生活している人がある場合、国にはその人を保護する責任があります。また、その人は国に保護を請求する権利があります。

しかし、恤救規則の考え方は、「困窮している人がいたら、まず国民同士の助け合いで何とかしなさい」ということが基本です。

さらに対象者も違います。今の生活保護は「無差別平等」が掲げられ、何らかの理由で保護から排除することを禁止しています。年齢とか出身地などに関係なく、困窮しているというだけで保護の対象になります。

一方、恤救規則には制限があります。独身であることが前提で、さらに高齢者、児童、障害者・病者であることが要件でした。

国全体の公平性も考えられませんでしたので、実際の運用でも、県によって救済を受ける人の比率が随分違っていました。ただでさえそういう状況なのに、一九〇八年にさらに救済を抑制することになります。救済を受けること自体、宝くじが当たるようなものというと言いすぎかもしれませんが、稀なことだったのです。

こういうなか、実際には生活に困る人や差別や排除を受けて生活が立ち行かなくなる人が大勢いました。しかし、大量の死者が出たという話は聞きません。どうしてなのでしょうか。

それは、民間人が対応したのです。孤児など、困っている人の存在を知り、助けようとした人がいます。その活動を慈善事業と呼びます。

有名なのは、石井十次が設立した岡山孤児院です。岡山孤児院は一八八七年に岡山で設立されました。石井は医学生でしたが、ある日巡礼をしている貧しい母子があらわれて、母親から「貧しくて子どもを育てられないので預かってほしい」と懇願されて、男児を一人預かったのが始まりです。一人から始まった活動は、最大時には一二〇〇人という巨大な規模になっていきました。

なお、岡山孤児院について、「日本で最初の孤児院」という記述を見かけますが大きな間違いです。岡山孤児院以前にも、孤児救済の施設はいくつか生まれています。

こうした民間慈善事業の特徴は、第一に、何らか崇高な理念を掲げているということです。初期の民間社会事業のすぐれた実践にはキリスト教系のものが多く、「隣人愛」のような理念が示されます。岡山孤児院では、「教育十二則」という教育理念が形成されます。

第二に、創設者の人間的な荘厳さが強調されがちであることです。石井十次の場合、「愛の使徒」と呼ばれるようになり、聖人視されていきます。

第三に、表向きの崇高さの一方で、資金不足に常に悩まされていました。当初は、今のような公的な助成金はありません。寄付金を集めるほかないわけです。すぐれた施設という評価が高まれば高まるほど、入所を求める人が増え、それだけ多額の経費が必要になり、事業が維持できなくなるという深刻なジレンマがありました。

このジレンマを緩和していたのが、実は渋沢なのです。渋沢はたくさんの施設について、自分で経済的な支援をしたり、他の人に支援を呼びかけました。

キリスト教の施設では、敬虔な信仰によって立派な活動ができたように語られます。そういう面も確かにあるのですが、実はキリスト教でない渋沢のおかげで成り立っている面もあったのです。

東京養育院の創設と渋沢

●東京養育院院長への就任

渋沢は、福祉にさまざまな貢献をしましたが、まず取り上げるべきなのは、東京養育院の院長であったということでしょう。他人の慈善事業を助けるという以前に、自分自身も福祉の第一線にいたのです。

東京養育院という施設の名称は、正確にいえば、養育院→東京府養育院→東京市養育院→東京都養育院というように微妙に変化していきます。本書は、細かな事実関係を正確に示すことは目的にしていませんので、東京養育院と称することとしたうえ、しばしば略して養育院と記します。

明治期の福祉施設は、崇高な理念を掲げて創設・運営されるものですが、東京養育院ができたのは、崇高な理念ではありません。

一八七二（明治五）年、ロシアの皇太子アレクセイが来日することになりました。その頃東京には、今であればホームレスと呼ばれる人が少なからず生活していました。昔の言い方ですと「浮浪者」「乞食」と呼ばれる人たちです。行政はまるで無策だったわけではなくて対策はとるのですが、なかなか減りません。

そもそもそうした人たちは、江戸時代から近代社会に移行するなかで、その変動についていけずに職や住居を失った人々です。小手先の策でいなくなるはずがないのです。そうした状況のなか、ロシア皇太子来日により、皇太子一行にその姿を目撃されると、国際的に恥であると考えられました。

そこでホームレスを収容して、隠蔽することが計画されたのです。本郷に仮収容所を設けて、二四〇人ほどを強制的に収容します。ですから、養育院は人道主義とか隣人愛によって建てられた施設ではありません。むしろ、ホームレスの人たちを、社会にとって目障りな存在と捉えて、隔離して見えなくしようとしたわけです。

処遇もひどいもので、食費は囚人以下でした。場所も浅草→上野→神田和泉町→本所長岡町と頻繁に移っていくことになりますので、入所者も移動を強いられました。

入所者一人あたりの生活費が少ないといっても、大勢の人を収容すれば、かなりの経費がかかります。財政的に可能であったのは、江戸時代に、江戸で七分積金と呼ばれる資金が蓄えられていたためです。明治になってその資金をもとに、営繕会議所という機関が公益事業を行うために設けられていました。営繕会議所が東京養育院の母体になります。

こうして始まった東京養育院について、渋沢は当初は事務長として運営の任に当たります。一八七九年からは事務長職が廃止になり、院長として責任をもつことになります。

営繕会議所は東京会議所と改称された後に解消し、養育院は東京府立に移管されます。今の感覚では、公立だと税金の投入もあって、安定的な運営ができそうなものですが、当時は違いました。十分な予算がつくわけではないので、収容人員が増えていくなかで運営には困難がつきまといます。

それればかりか、廃止案が提起されます。代表的論者は田口卯吉です。税金を使って貧困者を養育するのは怠け者をつくるというのです。

その廃止案に反対して、尽力したのが渋沢です。渋沢がここで、廃止反対で動いたことが、福祉の歴史を変えたといっても過言ではありません。しかし、税金からの支出がなくなってしまったため、しばらくは「委任経営」と呼ばれる時代をむかえます。ぎりぎりの経営のなか、婦人慈善会を設置するなどの工夫もしました。廃止の動きについては、第4章で詳しく触れます。

そして、東京市営に移管されて、一応は安定した経営になっていきます。廃止論から市営移管にかけての動きは、日本の福祉の歴史にとって、大きな意味を持ったと私は考えています。

養育院の処遇

東京養育院の処遇水準は、すばらしいものではありません。というより、今の感覚からすれば相当にひどいものでした。

入所を必要とする人は、次から次へとあらわれます。今だったら、施設には厳格な定員が定められていますので、定員を満たした時点で、新たな入所は行われなくなります。過密な収容などは、大規模災害のような特異な状況以外では起こりえません。

しかし、当時は定員厳守というようなルールはありません。予算も不足がちのところにさらに入所があるのですから、ますますひどくなっていきます。設備の準備も無いのに、入所対象者を拡大していきました。

一八八三年からは行旅病人といわれる人を、一八八五年からは捨て子や親を失った子なども入所対象とします。一八八九年からは監獄を出た人のうち、病気の人を入所させるようになりました。

明治の終わり頃になると、毎年二千人ほどの人が新規に入所しています。一方で退所したり死亡したりする人もいますので、単純にそれだけ入所人員が増えるわけではありませんが、とんでもない大規模施設であったのは確かです。一九〇八年の時点で、想定された入所人員の二倍近い人がいました。

適切な居住空間を用意できるはずもなく、大部屋雑居といわれる、五〇畳もあるような広い部屋に大勢の人がいる状況でした。

健康な一部の人は、院内で就労することができました。賃金をもらえるのですが、その賃金は相場よりも低く設定されていました。

また、「精神的慰安」や「善導」のために入所者を対象として教誨が行われていて、東西の本願寺系の僧侶が教誨師として派遣されていました。好意的に見れば、入所者の生きる意欲を高める取り組みといえますが、刑務所のような扱いにも感じられます。

こういう局面だけ見ると、「院長は何をやっているんだ」という話になって、渋沢は悪徳管理者だという見方もできるでしょう。渋沢自身にも、貧困者なのだから仕方ない、という発想があったようです。

渋沢を誉めようとしているはずなのに、渋沢に不利なことを書くのは、当時の福祉の水準はこういうものだったということを確認するためです。

今、こんな施設があれば、マスコミに取り上げられて大問題になるでしょう。当時は、みんながこんなものだと思っているので、不思議に思わなかったのです。こんな水準での救済さえ「依存して怠け者になる」と非難されたのです。

しかし渋沢は、これで何の問題もないと思っていたわけではありません。渋沢は時折院長室にあらわれて、用がすんだら帰るというのではありませんでした。院内の見回りもしていましたので、よくわかっていたはずです。東京市に上申書を出して、厳しい実態にあることを示して、改善を強く訴えていました。

他の資本家は、貧困とは無縁な暮らしをして、こういう嫌な現実を見ることはなかったでしょう。渋沢は常時見ていたのです。

●事実を伝える

東京養育院の特長の一つは、現代風にいえば、情報公開や広報が積極的になされたということです。

一九〇一年から『東京市養育院月報』（以下、『月報』と略します）という月刊誌が発刊されました。渋沢が会長を務めた中央慈善協会が『慈善』という雑誌を発刊するのが一九〇九年ですので、それよりも八年前になります。

この『月報』のおかげで今日、養育院での動きや考え方などを知ることができます。復刻されましたので、復刻版を所蔵している図書館などで簡単に閲覧できます。

渋沢は『月報』の編集者として、後述する田中太郎をあてました。

『月報』は「論説」「雑録」「院報」が主な柱となって構成されています。「論説」では貧困問題や福祉のあり方についての議論などがなされています。渋沢自身が登場することもあります。渋沢がどんな議論をしていたのかは、第5章で触れます。

「雑録」はまさに「雑録」と呼ぶべき、当時の福祉に関連するさまざまな情報が掲載されていました。

「院報」は、院内のさまざまな動きが掲載されています。『慈善』が発行されていなかった時期、『月報』は、東京養育院に限らず、福祉全体にもつながる貴重な発刊物だったのです。

また、「院報」が載っているので、養育院でどんな動きがあったのか、かなり詳細に把握することができます。

『月報』だけでなく、『東京市養育院年報』（以下、『年報』と略します）も発刊され、その年の統計だけでなく、過去の統計なども載っています。個々の事案が『月報』で把握され、全体としての動向は『年報』でわかりますので、養育院全体の状況が正確につかめます。

しかし多くの人は、東京養育院に関心があるからといって、『月報』や『年報』を細かく読んでいくわけにはいかないでしょう。

その場合、『年史』が発刊されていますので、それを読めばわかります。創立五十周年を記念して渋沢栄一述『回顧五十年』が刊行されました。渋沢の言葉で、養育院の誕生から五十年の歴史を刻む歩みが語られています。

さらに『養育院六十年史』が刊行されました。同書の刊行は一九三三年で渋沢の死後ですが、企画が立てられたのは渋沢在任中ですので、渋沢の業績の一つと考えてさしつかえありません。

東京養育院ではその後も、『八十年史』『百年史』『百二十年史』と繰り返し『年史』が発刊されています。

これほどたびたび『年史』が発刊された施設は他にはないでしょう。他の施設でも、『○○園百年史』といった本が発刊されることがありますが、その内容は、記念誌的編さんといって、施設を自画自賛しているだけで、歴史書としての正確さには欠けることがよくあります。

しかし、『六十年史』はすでに、史実を丁寧に追っていく記述になっていて、歴史を知るうえで、非常に有益です。本書も、かなりの程度『回顧五十年』や『養育院六十年史』を根拠にして記述しています。

今日、養育院のあれこれの不十分な点を指摘して、院長である渋沢の責任を追及することは容易です。ところが、批判の根拠となる資料は、渋沢自身によって作成されているのです。

渋沢は自分を批判させるために、刊行物を出したわけではないでしょう。しかし情報を社会に提供すれば、それは誉める根拠にのみ使われるわけではないことくらい、認識していたのではないでしょうか。

都合が良くても悪くても事実を伝えるという、情報公開の姿勢をもって養育院を運営していたのです。

多様な課題への対応

非行児童に向き合う

東京養育院が福祉の歴史にとって重要である理由の一つは、さまざまな施設を生み出していったことです。入所する人には、入所するにいたった理由があります。その理由自体に取り組まなければ真の解決にはなりません。

入所せざるを得ない状況になったのは、病気とか障害とかの何かの理由が背景にある場合がしばしばありました。そうであるなら、もとの原因への対応をしなければ、事態は何も変わりません。

渋沢の院長としての仕事は、以下で述べるような、入所者のなかに見つかるさまざまな課題の発見と対応だったのです。

そのため、養育院からいくつもの施設が生まれていきます。養育院はいくつもの領域の施設を生み出す母体ともなっていきましたが、そこには、渋沢の意思や判断が作用していました。

その一つが感化院です。明治時代には、非行児童を支援する施設のことを感化院と呼んでいました。感化院はその後、少年教護院、教護院と名称を変え、現在では児童自立支援施設と称しています。

現在の児童自立支援施設は、非行児童以外でも入所は可能ですので、名称だけでなく内容も変わってきています。今の児童自立支援施設と感化院を同一視するのは無理があるかもしれません。

教護院と称していた時代、同じく非行児童を対象とする施設に少年院があって、混同する人が少なくなかったのですが、まったく違うものです。

かつての教護院、現在の児童自立支援施設は、児童福祉法に基づく児童福祉施設です。管轄は法務省ではなくて厚生労働省です。児童相談所を経て入所します。少年院よりは非行の程度が軽い児童が対象です。

養育院に入所する児童の問題の一つが非行でした。非行といっても殺人のような凶悪犯ではなく、貧困ゆえに窃盗を繰り返すなどの行為です。

渋沢は一八九一年頃から、「浮浪」していた児童に非行の傾向があり、成長とともに非行傾向が悪化してしまうことに気づいたといいます。

渋沢は憂慮し、児童が非行に至るプロセスを調査しました。そして、一八九六年に東京市参事会に、非行傾向のある児童を放置していると犯罪者となってしまって国家にとっても損害になることを訴え、対策を立てるよう申し入れました。渋沢の申し入れを受けて、九七年に参事会は感化部の設置を可決します。

一八九八年には、司法界の大物、三好退蔵を顧問に招きます。そして養育院の感化部を設置することになり、一九〇〇年にスタートします。感化法という、感化院について規定した法律ができた年でもあります。

また、感化院の先駆的施設として名高い、家庭学校の創設が一八九九年ですので、養育院感化部が、かなり早い時期に構想されて、設置にいたったことがわかります。

感化部は当初は本院内にありましたが、井の頭の御料地を宮内省から借りて建物を新築して一九〇五年に移転して、井の頭学校と称されるようになります。一九三九年に萩山実務学校と改称されました。

感化部では、学校と家庭を兼ねるという理念を掲げ、農業や木工などの職業教育を柱とする教育を行いました。また年中行事が実施されるなどの工夫があり、成績優良者は校外の家庭に委託することがありました。

●障害児に向き合う

渋沢と障害児とは、イメージとしては結びつきにくいかもしれませんが、渋沢は障害児福祉の先駆者としての評価もあります。

『人物でつづる障害児教育史　日本編』（日本文化科学社）という本が一九八八年に出版されました。そこでは、障害児教育に多大な貢献をした人物を取り上げて一人ひとり紹介しています。渋沢が、障害児教育の先駆者として、宇都栄子氏によって論じられています。

渋沢の障害児への関与は、滝乃川学園への支援などさまざまな形でなされましたが、その出発点は養育院にあります。

養育院には、障害をもった人が少なからず入所してきました。障害があるがゆえに、ホームレス化しやすかったのです。そのため、障害児と関わることになりました。

まず、視覚障害や聴覚障害をもつ児童について、一八九六年より、東京盲唖学校に通学させるようになります。

また養育院には、虚弱な児童が少なからず入っていました。棄てられた児童は、棄てられるまでにも不適切な養育を受けていた可能性がかなりあります。そのため、すでに発育に不十分さが見られることがよくありました。入所後の養育院内の環境も、良いとはいえない状況でした。児童にだけ、食事を改善するということもできないでいました。

こうした児童にとって心配されたのは結核への感染や発病でした。そこで、虚弱な児童への対応として、一九〇〇年に千葉県に勝山保養所が設置されました。海岸に面した空気のいい場所で療養しようとしたものです。

この保養所は臨時のものでしたので、常設の施設として一九〇六年に安房分院が設置されました。分院では療養だけでなく教育もきちんと行われました。分院設置の費用は、婦人慈善会からの助成もありました。

養育院では、創設時以来、児童も高齢者もみんな一緒の部屋で生活していました。このやり方は成人がしっかりした人たちなら意義もあったかもしれませんが、生活力に乏しい人たちが多いので、むしろ児童への悪影響のほうが心配されました。

そこで一九〇九年に巣鴨分院を設けて、そちらに児童を移し、成人と児童を分離します。その巣鴨分院で、能力的に課題のある児童について、場所を確保して特別な対応をするようになります。巣鴨分院には小学校もありましたが、そこでは視覚障害や聴覚障害に対応した学級が設けられました。

渋沢は障害者福祉についてまとまった発言をしていないため、どのような思想をもっていたのか、よくわかっていません。しかし、障害児を排除する姿勢ではなく、受け止めて能力を伸ばしていこうとしていたことは明らかです。

当時は障害児が社会の一員として顧みられない時代でした。そんな時代のなかで、渋沢は障害児の生活や教育の改善を図ったのです。そして、養育院の中で障害児を支えるだけでなく、滝乃川学園を支援していくことにもなります。

病者に向き合う

貧困にいたる原因として、今も昔も病気があります。病気のなかには、その時点での医学では治療困難なものがあります。治ることはなく、さりとてすぐに死亡するには至らず、闘病が長期化する。そういう病気の典型が、ハンセン病と結核です。

東京養育院の入所者にもハンセン病者や結核患者がいました。病者への対応をしていくことになります。ハンセン病については第2章で詳しく見ていきますので、ここでは結核について述べます。

入所者には結核患者が多くいました。入所前には、浮浪するなど困窮していましたので、食事はきわめて不十分でしたでしょうし、結核に感染しやすい状況におかれていましたので、やむを得ないことでした。

そのことは課題として深刻に受け止められてきました。児童に関しては安房分院の設置で対策がとれたのですが、課題として残ったのが成人の結核患者です。

養育院内では、一部の患者は別室に隔離していましたが、普通の部屋で暮らしている患者もいて、憂慮されていました。

事実、職員が結核を発症させる事態が続きました。その職員が入所者から感染したとは限りませんが、放置してよい状況ではなかったのはまちがいありません。

そこで検討されたのは成人の結核患者のための分院の設立です。郊外でしかも本院に比較的近い場所ということで、板橋に土地を確保することができて、一九一四年に板橋分院として開設されます。

さらに、成人の比較的軽症の患者の社会復帰施設も検討されて、千葉県に場所を求めていきます。紆余曲折はありましたが、長浦更生農園が設置されることになりました。

国として結核予防法を制定して結核対策を本格化するのは一九一九年ですので、それよりも前に、結核への対応を本格的に行っていたことになります。

　慢性的な疾患だけではありません。急性の感染症が流行することもありました。大部屋で雑居しているのですから、いったん広がり始めたら、あっという間に流行して止められなくなります。現在でさえ、高齢者施設でのインフルエンザ流行の報道が冬になると必ずといっていいほどあるように、施設での悩ましい課題です。東京養育院に限らず、施設ではときおり感染症が発生して、入所者が死に至ることもありました。

　一九一四年二月に、東京で発疹チフスが、貧困者が多く住む地域を中心にして流行します。養育院内でも二百人近い人が感染しました。入所者だけでなく、幹事の安達憲忠までもが発症するありさまでした。安達以外にも感染する職員がいました。

　養育院では対策をとります。隔離スペースを設けたり、医師・看護師を臨時に増やしたりして、何とか流行を収めることができました。

　養育院の業務は、病者と向き合うことでもあったのです。実際に個々の患者への対応に尽力したのは、養育院に勤務する医師や看護婦はじめ職員たちだったでしょうが、渋沢が病者を排除して事態を隠蔽するというやり方ではなく、解決を目指す姿勢で、これらの動きを指導したと考えられます。

福祉を引き継ぐ

人物を使い、育てる

施設創設者が優れた人物であっても、その人はいつかは亡くなります。亡き後のことを考慮して、後継の体制を組んでおく必要があるのですが、うまくいかないことがあります。岡山孤児院はその典型例で、石井十次の死後、長続きせず解散してしまいました。

その点、渋沢は企業経営者だけあって、対応を考えていたように思われます。

渋沢の福祉への貢献の一つは、養育院から日本の福祉を担う人物が何人も現れたことです。安達憲忠、瓜生岩、三好退蔵、田中太郎、光田健輔といった人たちが、渋沢の下で育ち、この人たちもまた、福祉の先駆者として名を残しています。このうち光田健輔は、現在では評価が下がってしまっていますが、第2章でその事情に触れます。

光田以外の四人は、福祉の世界でよい働きをしたのですが、一般的には知られておらず、福祉界でさえ、知る人は非常に少ないのが現状でしょう。しかしいずれも、目立たないながら日本の福祉を築いた人たちです。

安達憲忠は、岡山県出身です。岡山県からは、山室軍平、留岡幸助といった著名な社会福祉実践者が輩出されました。山室や留岡に比べて知名度は低いのですが、岡山出身の社会福祉実践者の一人としてしっかり記憶され続けるべき人物です。

いったん僧侶になるのですが辞めて、自由民権運動に参加します。その後、東京に行ったり、福島で新聞記者になったりしますが、一八八七（明治二〇）年、三〇歳のときに東京府の官吏になります。その後、東京市参事会書記となります。

安達を見出したのが渋沢でした。安達は養育院幹事を一八九一年から一九一九年まで務めました。実質的に養育院の中心として支えていきます。臨海保養所や感化部の設置など、養育院の事業が広がっていく時期に、厳しい実務をこなしていたのが安達だったのです。

養育院退職後も福祉との関係は続きます。『貧か富か』という本を出します。東京養育院の見聞をもとにして、貧困対策のあり方を世に問いました。

渋沢の業績の相当部分は、実際には安達が労苦を担っていました。しかし院長が渋沢だったからこそ、安達が意欲的に仕事ができ、構想が実現していったという面もあるでしょう。安達は自由民権運動をして獄に入ったことのある人物です。もし、役人根性丸出しの人物が院長だとしたら、安達が活躍できたかどうか疑問です。安達が幹事だった時代、渋沢と安達の協働で多様な活動が可能になったのです。

さらに上宮教会の専務理事になります。上宮教会というのは、仏教系の福祉団体です。養育院での経験が、他の施設でも生かされていったのです。

養育院での経験を踏まえて、他の場所で福祉を広げたのは瓜生岩（イワ、あるいは岩子と表記されることもあります）も同様です。

児童のために

瓜生岩は児童福祉の先駆者というべき人です。一八二九年に現在の福島県喜多方市で生まれました。会津藩の治める地域ですので、会津戦争をはじめとした幕末期の変動に直面しました。本格的に福祉の活動を始めるのは四〇歳の頃です。

一八六九年に小田付村幼学校を設立して、本格的に福祉にかかわるようになります。この活動が福島県令の三島通庸に知られることとなり、三島とのつながりができます。三島は自由民権運動を弾圧した、悪名高い人物ですが、瓜生は三島との関係を使って活動を推進していきました。一八九〇年に、貧困な子どもを救済するために福島救育所を設立しました。

一方、安達憲忠は養育院で子どもの世話に責任をもつ適任者を探していましたが、安達が瓜生を知ることとなって、瓜生は一八九一年に養育院幼童世話掛長に就任することになります。瓜生の養育院での働きぶりは、非常に熱心で、子どもの栄養状態がよくないのに気づいて食事の改善を働きかけることもしました。

しかし瓜生の養育院での働きは、長くは続きませんでした。瓜生の名声が広がったために会津の人たちから帰郷を要請されて、わずか七ヶ月で養育院を去ることになってしまいました。その後瓜生は福島県で児童福祉を中心にした活動を行い、福島県の児童福祉を大きく発展させることになります。

養育院での仕事は短期間で終ったとはいえ、瓜生の働きは養育院の子どもへの処遇に影響を与えたと思われます。退職後の福島県での活動の上で、養育院で貧困な子どもと接した経験が有益であったのではないでしょうか。

瓜生が養育院を去ったからといって、渋沢との関係がなくなったわけではありません。浅草の浅草寺境内に瓜生岩の銅像が建っています。さして有名でもない人物の銅像が、今や世界的な観光名所になっている浅草寺にあるのは不思議な気がします。

この銅像の建設委員長が渋沢なのです。また、瓜生の死後に、瓜生の実践を継承するために瓜生会という組織が養育院内につくられました。他の会と合併して四恩瓜生会となります。この会の主な活動は養育院へのボランティア活動です。渋沢は瓜生会が会館を設置したときに、落成式に出席しています。

犯罪・非行の専門家を招く

三好退蔵は、司法省に入り司法次官、検事総長、大審院院長と司法関係の要職を歴任します。なおかつ退任後は弁護士になって弁護士会長も務めます。法曹三者のトップをすべて経験するという、すさまじく輝いた経歴の人です。クリスチャンでもありました。

三好は留岡幸助と共に、感化院の設立計画を進めます。留岡は、プロテスタントの牧師ですが、北海道の監獄の教誨師を経験したことで、非行児童の支援の重要性を感じて、感化院、今でいう児童自立支援施設の家庭学校を設立した人です、詳しくは第3章で説明します。

この計画は頓挫します。新設の感化院について、留岡はキリスト教主義を中核にした施設にしようとしましたが、三好は一般社会にキリストが浸透していない現実のなかでは、キリスト教を前面に出さないほうがいいと考えました。

二人ともクリスチャンですので、キリスト教精神を大切にするという発想では違いはないはずですが、理想を求める留岡と、官僚出身で現実を踏まえて思考する三好とでは、とうとう一致できませんでした。

こうしたなか、三好は渋沢からの招きを受け入れて、東京養育院感化部の顧問として、養育院に関わることになっていきます。経営がうまくいくとも限らない民間の施設よりも、公立でしかも渋沢という著名人をトップにしている養育院のほうが力を発揮できると考えたようです。

三好は一九〇八年までの約一〇年にわたって養育院感化部を支えていきました。

田中太郎は、本来は統計学の専門家です。養育院で感化部を設置しようとする、そのタイミングで田中の『犯罪救治論』が出版されます。渋沢は『犯罪救治論』を読んで、田中との面談を希望します。そこで、渋沢から、養育院の事業を助けてほしいと依頼され、田中はそれを快諾しました。

そして、当面は内閣統計局の仕事を継続しつつ、『東京市養育院月報』の編集に携わります。田中自身も『月報』にいくつもの福祉に関連する論文を発表しています。

渋沢は田中に欧米視察を委嘱します。一九〇八年から一年半ほどイギリスはじめ欧米各国の福祉の現状を視察し、その成果は『泰西社会事業視察記』としてまとめられました。

安達が退職したため、一九一九年に養育院幹事に就きます。一九二三年、関東大震災のとき、入所者の保護や施設の再建に尽力しました。

そして、渋沢の死後、後継者として院長に就任しました。ただ、残念なことに就任後すぐに逝去したため、院長としての業績を残すことはできませんでした。それでも『養育院六十年史』が出版されたのは、田中の企画によるものです。

ここでは、四人を取り上げましたが、特異な才能のある人だけが重用されたわけではありません。いったん就職した人について、解職しないのが渋沢の考えでした。

ただし、悪徳な職員でも雇用し続けるわけではありません。子どもへの厳罰主義でやっていた職員を更迭したこともあります。

一九二二年に五〇周年記念式が行われたとき、一〇年以上の勤続者が三九名いました。渋沢の死去直後の一九三二年の六〇周年記念式では、六二名いました。

渋沢が職員を大切にしたことと、職員側が渋沢についていこうとした、その双方がなければ、多数の長期勤務者はあらわれないはずです。

今日、福祉施設での離職率の高さが問題になっています。職員がくるくる入れ替わるのは、職員の能力が高まりにくいだけでなく、入所者にとっても不利益になります。そこには、「やりがい搾取」があるともいわれます。養育院はそういう体質の施設ではなかったのです。

●渋沢の死後

こうして渋沢は死去する一九三一年まで院長を継続し、東京養育院を支え続けて、福祉の遺産をこの日本にたくさん残しました。

渋沢の死後に養育院がどうなったのかを確認しておきます。

渋沢の死後も養育院の変貌は続きます。一九三三年には高齢者を対象とした恵風寮を開設しました。一九四二年には巣鴨分院が石神井に移転して、石神井学園と称するようになりました。一九四三年には、東京都が発足して東京市がなくなりましたので、正式な名称が東京都養育院となりました。

戦時下には、苦難が続きます。一九三九年から四〇年にかけて、満州国皇帝の来日や紀元二千六百年の祝典などを理由に、「浮浪者」の強制収容が行われました。生活状況が悪化し、入所者の死亡率が明らかに高くなっています。感染症の流行があったり、一部の施設は軍に徴用されました。

疎開も行われます。疎開というと、学童疎開がよく知られていますが、福祉施設が疎開するケースも多々ありました。学童疎開も、学童本人も、教員ら関係者も多大な苦労をしたわけですが、施設の場合はもっと大変でした。養育院では、栃木県塩原への疎開を行いました。「あの日のオルガン」という映画が二〇一九年に公開されました。主演は戸田恵梨香と大原櫻子です。これは、保育園の疎開を描いています。厳しい環境で親から離れて暮らす幼少の子どもたちと、それを支える保母たちの実話です。

私はこの映画を見たとき、ずっと泣き続けていました。大原櫻子演じる保母が、「けんちゃん」という子に、東京大空襲で両親や妹が死んだことを告げるシーンなどは、今思い出しても涙が溢れてきます。

こうした過酷な状況が、養育院でもあったのではないでしょうか。

渋沢を記念して院内に建っていた銅像が、戦争に使うために供用されることになりました。ただ運搬することができず、現在も養育院だった場所に建っています。入所者の命に比べればたいしたことではないかもしれませんが、渋沢が培った養育院の成果が、戦争のために失われようとしたことを象徴しています。

さらに一九四五年、東京は度重なる空襲に遭います。養育院が無縁であるわけがなく、四月一三日には板橋の本院九割ほどが焼失しました。しかしそれでも、残存施設などを活用して、医療業務を継続しました。

戦後はさっそく「養育院事業施設復興委員会」が設置されて、再建に向けて動いていきました。とはいえ、食糧難や衛生水準の低下などのなか、入所者の生活は厳しいものでした。「狩りこみ」によって捕まった戦災孤児の行き先の一つが養育院でした。

戦後は、次々と老人ホームなどが設置され、主に高齢者施設を中心にして発展します。養育院は東京都の経営するこうした施設や病院の総称として用いられていました。東京都老人総合研究所という、高齢者分野の先駆的研究機関も養育院の一つでした。

しかし、二〇〇〇年四月一日に、養育院の名は廃止されました。一二八年の歴史を閉じたのです。養育院の流れを引いた施設・病院などは今もありますが、東京養育院という言い方はなくなっています。

●渋沢への正当な評価を

東京養育院の歴史は、日本の福祉の歴史そのものでした。貧困救済から出発し、専門分化していくことや、戦時下の苦難など、日本の福祉全体の動向を凝縮しています。一九三一年まで、常にそこに渋沢がいたわけです。したがって、渋沢は福祉の歴史そのものであるといっても過言ではありません。

しかし、福祉の歴史を語るとき、東京養育院のことはあまり出てきません。ましてや渋沢の功績も語られません。なぜなのでしょうか。

『養育院〇〇年史』という本が繰り返し発刊されてきましたので、史実を把握することは容易です。古書店での価格が、なぜか異様に高くて数万円しますので、個人で買うことは難しいということはあります。しかし、図書館などで読むことはできます。

養育院が語られなくなった理由の第一は、創設の経緯が、感動するようなものでなかったことがあります。施設はしばしば、涙を誘うようなエピソードのもとで創られています。

前述のように岡山孤児院は貧困な母子のお母さんが、貧しくて生活できないので助けてほしいと石井十次に懇願して、男児一人を引き取ったことから始まります。滝乃川学園は、濃尾大地震の被災女児を救済して教育していた石井亮一が、女児のなかに障害児がいることに気づいたことがきっかけです。

東京養育院は、ホームレスを邪魔者扱いして見えなくしようとしたという、人類愛などとはまるで正反対の話です。

第二は、場所が頻繁に移っていることがあります。学校にしろ施設にしろ、たいていは創設の場所で継続されています。ときには移転している施設もあります。滝乃川学園がそうです。しかし、多くはせいぜい1～2回の移転でしょう。

東京養育院は本郷→浅草→上野→神田→本所→大塚→板橋、というようにくるくる場所を変えてきました。学校や施設への愛着は、その場所への関心と密接な関係があります。建物が改築され、周辺の環境が変わっても、その場所に行けば何らかかつての香りが感じられるものです。その香りを感じて、学校なり施設なりへの愛着を確認するのではないでしょうか。養育院の場合は、どの場所に愛着をもてばいいのか、わかりません。

第三は、施設の性格なども変化して、どういう施設なのかを説明するのが難しいことがあります。岡山孤児院の場合、名称からして施設の性格は明らかですので、説明は不要です。養育院の場合は、孤児も非行児童も病者も高齢者も、ということで対象者が幅広いのです。また戦後になると、貧困者の施設というより、高齢者施設と医療施設の連合体のようになっていきました。

第四は、処遇水準について高く評価できないことです。岡山孤児院は大勢の子どもの入所がありましたが、一方では小舎制といって、普通の家のような建物を多数建てて、家庭に近い雰囲気で生活することを目指していました。小舎制であることが現在、高い評価の根拠の一つになっています。養育院には、そういう積極的な要素が見出しにくいのです。

以上のようなことで、東京養育院の評判は高まりませんので、渋沢の功績も十分に評価されてきませんでした。

確かに養育院には、批判すべきたくさんの問題がありました。しかしそれは、その時代における人々の福祉への意識が低かったことを前提として評価を下すべきでしょう。また、公立の施設でしたので、渋沢といえども、自分だけで決められませんでした。岡山孤児院のような純粋な民間施設では、リーダーが決断すればすぐに実行できますが、養育院はそうはいきませんでした。

東京は首都として、他の都市以上に、生活に困窮する人などの問題は深刻でした。養育院は、その問題を一手に引き受けるべき立場にありました。

そこに立ち向かった事実だけは、きちんと歴史に位置づけるべきです。その真ん中に終始渋沢がいたのです。

第2章

福祉に責任をもつ

渋沢栄一は、養育院の院長だけではなく、福祉団体のトップを務めたり、あるいは何らかの重要な役割をもちました。責任者として明確に名前を出して、福祉に関わったのです。

福祉というと、匿名でやることが麗しいかのような印象をもつ人がいます。そんなことはありません。一つの重要な社会活動をするのですから、きちんと名前を出して責任を負って行うべきことなのです。

また逆に、その団体を権威付けるために形だけ理事長などに有名人の名前が使われていて、実際にはそれほどの仕事をしていないということが、福祉に限らずよくある話です。渋沢は名前を出しているときは、きちんとその仕事を行っています。

責任ある立場に立つということは、批判を受けることでもあります。この章では渋沢が行った三つの事績を紹介しますが、いずれも福祉の歴史研究ではあまりいいようには言われてきませんでした。

責任ある場に立てば、称賛されることもありますが、同時に失敗するリスクを背負うことにもなります。渋沢はあえてそのリスクを負ったのです。

この章で触れる渋沢の活動に対して現在、さまざまな批判が提起されていること自体が、むしろ渋沢のすぐれた点といっていいと思います。

渋沢自身が、何らか批判がありうることは自覚していたのではないでしょうか。批判が生じることを承知であえて難しい仕事を引き受けたところに、渋沢が福祉に本気でかかわろうとしたことを感じます。

全国的福祉団体のトップに立つ

中央慈善協会会長に

渋沢の大きな功績の一つは、中央慈善協会という福祉の全国組織の初代会長を長く務めたことです。

中央慈善協会は一九〇八（明治四一）年に発足します。現在の全国社会福祉協議会の前身にあたります。全国社会福祉協議会というのは、日本の民間福祉の中心的な団体です。市町村や都道府県にも社会福祉協議会がありますが、そういう各地の協議会のネットワークを担って、福祉活動の連絡調整を行ったりして、福祉の増進に努めています。また、『月刊福祉』という雑誌を発行するなど、福祉に関する出版物の刊行を行っています。

明治期に全国各地で慈善事業と称する、福祉施設などが広がっていきます。はじめのうちは、各施設がばらばらに動いていたのですが、一九〇〇年代に入った頃から横のつながりが生まれ、全国的な組織化の機運が出ています。日露戦争によって一時的に動きが停滞しますが、戦争が終ったことで再び動いていきます。

こうして誕生したのが中央慈善協会です。協会では『慈善』という雑誌を発刊します。これが現在の『月刊福祉』です。

協会結成には、福祉関係者に加え内務省の官僚も動きました。創立委員が選任されますが、委員の議論のなかで会長の候補として名が出てきたのが、渋沢と清浦圭吾（後の首相。第二次護憲運動を引き起こすことになってしまって、あまりいいイメージではありません）でした。結局、会長が渋沢、清浦は顧問となりました。渋沢は死去する一九三一年まで長期にわたって会長を務めました。渋沢の死後に清浦が会長になります。

民間人としての会長

この中央慈善協会は何度か名称を変えて、今の全国社会福祉協議会になるのですが、渋沢が民間人だったのに、以後の会長は長らく内務省または厚生省の官僚出身者でした。

これまで、社会福祉の歴史を語るとき、渋沢が会長であることが良くないことであるかのように言われてきました。中央慈善協会は、民間の慈善事業をつなげていくために創設されたのですが、創設のプロセスで内務省が関与していきます。

福祉を管轄しているのは今は厚生労働省ですが、厚生労働省の前身の厚生省が設置されるのは一九三八年です。それ以前は内務省で管轄していました。

本来は民間組織であるべき団体が、いつの間にか半官半民的な団体になってしまったわけです。そのため、中央慈善協会の歴史上の評価は芳しくありません。

そして、中央慈善協会が望ましくない団体である根拠の一つが、渋沢が会長であったということです。「官僚に牛耳られた協会の会長に営利主義者が就いて、官と財による悪徳組織が誕生した」というイメージです。

なかには、渋沢を官僚呼ばわりして、官僚支配のイメージで語られることもありました。しかし、渋沢を官僚出身者とするのは、かなりのこじつけといえるでしょう。確かに、大蔵省に勤務した時期がありますが、それは人生全体で見れば一時のことです。

官僚出身者が良くないのは、国民の利益ではなく、出身の役所の利益を図るからです。渋沢はそういう立場ではありません。あくまで民間人と呼ぶべき人物です。

渋沢以後の会長はずっと内務省・厚生省の官僚出身者になります。二〇〇七年に会長になった斎藤十朗氏は官僚出身ではありませんが元厚生大臣ですので、厚労省側に身を置いたことのある人といえます。歴代会長の何人かは、自民党の国会議員でもありました。やっと最近、官僚でも政治家でもない人が会長になりました。

全国社会福祉協議会の会長が官僚出身であることに、私はずっと強い違和感をもってきました。全国社会福祉協議会は、あくまで民間団体として、政府からは独立した意見を持つべきです。場合によっては厳しく批判して対決することだって、あっていいはずです。しかし、会長が少し前まで政府を支えていた人というのでは、迫力が出ません。

個々には立派な人ばかりなのかもしれません。田子一民は、社会連帯思想という新しい福祉の考え方を提起して、戦前の福祉行政草創期に尽力した人です。灘尾弘吉は、官僚時代には社会事業法という今の社会福祉法の前身の法の実現のために寄与しました。人格的にも立派な人だったと聞いています。

しかし、一般国民から見れば、天下りにしか見えません。やはり民間人が会長になって、常に国民からの目線で動かしていくべきではないでしょうか。また、自民党の議員が会長では、政治的中立性にも疑問が持たれてしまいます。

こう考えると、初代会長が渋沢であることの意義はきわめて大きいといえます。渋沢が会長であったことは、マイナスに評価すべきものではありません。せっかく渋沢を会長にしたのに、渋沢の死後に、代わりうる民間の人物を会長にできなかったことを批判的に評価すべきなのです。

会への思い

渋沢は発会にあたり、「開会の辞」を述べています。これによって、渋沢が協会をどう考えていたのかがわかります。

「中央慈善協会を設立するということも望むらくはこの社会をして、慈善というものはいかなるものであるか、慈善の性質はどう解釈してよろしいか、慈善の所作について一般に目もこえ耳も澄ましたならばその事業も必ず進むであろうと思いますので、中央慈善協会の将来に自らも進み社会も進むということに進路を取りたいと祈念いたすのでございます」と述べています。慈善について、一般社会との相互的な関係のなかで発展することを期待しています。慈善というものは自己の信念で行うものであるだけに、うっかりすると独善的、閉鎖的になりがちです。

それは危険なことでした。渋沢は社会との関係を維持すればこそ、慈善もまた社会も発展すると考えたのです。

「思いつき慈善というのがある。人にいわれてヒョッと思いついて慈善をする。それは悪いことはないが、チャンと統一して統計を取らぬ。ある場合にはたくさんやったりある場合には少しもやらなかったり、また必要の者にやらずして不必要な者にやったりする。これを思いつき慈善というので、決してこれは組織的経済的慈善とは申せぬと私は思います」と言っています。

それまでの慈善は現代風にいうと、ニーズに対応するのではなく供給側の気まぐれでやってしまう傾向がありました。それは組織的な活動ではないし、無駄だらけです。渋沢は中央慈善協会を活用して、日本の慈善の悪しき体質を変えようとしたのです。

さらに「組織的にと希望しますると、政治と相俟たなければ十分なる効果を得られまいと思います」と主張しました。

渋沢がここで「政治」と呼んでいるのは、権力というより、制度・政策という趣旨です。つまり、制度や政策の裏づけなしに福祉は発展しないということなのです。

当時、個々の施設などは広がっていました。しかし、施設を支える法律は、非行児童を対象とした感化院について感化法が制定されていたくらいで、ほとんどありません。きちんと法律や制度で支えなければなりません。しかし、当時の政治家が施設の発展に関心を寄せているかというとそうではありません。

そこで、中央慈善協会の力で、事態を改善しようとしたのです。渋沢にとって、中央慈善協会は、関係者の親睦団体や連絡調整機関にとどまってはならず、福祉制度を改善する運動団体として位置づけられていたのです。

会長としての活躍

有名人がこうした団体の会長をしている場合、いわゆる名誉職であることがしばしばあります。実際の運営上のトップは別にいて、会長は年に数回だけ会議に出たり、行事で挨拶をしたりするだけで、実際には汗をかいているわけではない、ということです。

渋沢はそうではありません。もちろん多忙ですので、毎日協会の事務所に顔を出すわけではありません。しかし、実態としてもトップとして尽力していたことは明らかです。

協会では機関誌の『慈善』を発行していましたが、渋沢はたびたび登場して福祉のあり方を説いています。その発言の一部は第5章で詳しく紹介しますが、当時は今のように福祉関連の書籍がたくさん発刊されているわけではありません。数少ない福祉の情報源としての『慈善』を、全国の福祉関係者はむさぼるように読んでいたはずです。

会の具体的な動きにも、渋沢の影響が見て取れます。協会では発足後さっそく海外の救済事業の調査を行います。そこで派遣されたのは第1章で紹介した田中太郎です。田中はその後、養育院の幹事になっているように渋沢と関係が深い人物です。

協会は、時代の変化のなかで組織の改変なども行っていきます。一九一七年には会則を改正して事業の拡張に取り組むことになりました。雑誌の名前も『慈善』から『社会と救済』に変えます。

渋沢はこの改正について「時代の要求に応ずるの機関となして実績を挙ぐるの策を採るに至った」と説明しています。内容も、『慈善』よりも幅広い内容を扱って、読みやすいものになっていきました。

誌名はさらに一九二一年に『社会事業』となります。渋沢は貧困が「個人貧」から「社会貧」に移ったことを指摘して、「社会貧に対しては、是非とも世人一般に対し、社会連帯の観念を喚起せねばならぬのである」と述べています。

さらに会の名称も中央社会事業協会になります。それまで福祉は、慈善事業とか救済事業と呼ばれていました。それが「社会事業」と称されるようになったことの反映です。単に呼称が変わっただけではなく、社会における福祉の捉え方が変わってきました。

第一に、内務省に社会局が設置されたように、政府の対応が変化しました。

第二に、それまでは気の毒な人を助けようという温情的な発想でしたが、社会の一部の問題であっても社会全体の問題として社会全体で解決を図らなければならないという、「社会連帯」という発想になっていきます。渋沢自身も福祉についての理解を深め、時代の変化を受け止めて、協会についても改革していったのです。

新体制で歩もうとした協会でしたが、すぐに試練がやってきます。一九二三年九月一日の関東大震災です。協会の事務所なども被災しますが、何より関東エリアの福祉施設が被災していますので、各施設の復興を急がねばなりません。

九月二〇日にさっそく渋沢出席のもとで、緊急理事会が開かれ、当面の対応を決議します。被災状況を調査するとともに、応急的施設を設置して恒久的施設について検討する方策が示されていました。渋沢の指導下での迅速な動きのもとで、福祉全体が復興していくのです。

一九二四年に協会は財団法人化されます。財団法人化以降、事業内容がさらに広がり、財政規模が拡大していきました。関東大震災で潰れるどころか、ますます大きくなっていったのです。

協会のさまざまな動きに、どこまで渋沢が直接指示したりしたのか、不明な面もあります。しかし、渋沢が会長であったことが大きく寄与したことはまちがいありません。日本の福祉が、温情的なものから、社会の責任による制度的なものに変化していくその只中に渋沢が立ち会っていたのです。

協会の活動の一つとして、全国社会事業大会という全国規模の行事を行っています。不定期ですが、全国から福祉関係者が集って、福祉が直面する課題について協議するのです。一九一五年の第三回大会が、協会が主催するようになった最初の大会です。

第三回は内容の乏しい大会であったうえ、会場が事情があって京都市だったこともあって渋沢の出席はありませんが、一九一七年の第四回から一九二一年の第六回にかけて、渋沢は毎回、会長として出席し、開会の辞や閉会の辞を述べています。第七回は病気のため欠席しました。第八回は渋沢の死後になります。

渋沢は大会に出席して、全国の福祉関係者に向けて語っていました。渋沢の福祉への考えは肉声によって広く伝えられていたのです。渋沢が福祉論を語ることで、全国の福祉関係者が勇気付けられて、福祉への意欲をより高めたものと思われます。

協会は今、全国社会福祉協議会という名称で、わが国の社会福祉の中核的な組織として、福祉の推進について大きな働きをしています。その基礎を築いたのは渋沢なのです。

済生会創設への努力

貧困者への医療を

済生会という団体をご存知でしょうか。全国各地に済生会病院という医療機関がありますが、その運営母体です。正確には社会福祉法人恩賜財団済生会といいます。

現在は一般的な医療や福祉活動を中心として運営されていますが、もともとは貧困者への医療を提供するために設立された団体です。

済生会の始まりは、一九一一（明治四四）年に明治天皇より「済生勅語」が出されたことです。そのなかで「施薬救療以テ済生ノ道ヲ弘メムトス」とあって、あわせて下賜金が出されたことで「施薬救療」の具体的な対策がとられることになりました。そこで寄付金を集めて、財団法人をつくることになったのです。

現在ですと、国民皆保険制度のもとで、誰もが少ない負担で医療を受けることができます。その負担さえできないような低所得の場合には、生活保護の医療扶助を利用すれば、負担はゼロになります。

したがって、制度を適切に活用すれば、「お金がないので医療が受けられずに死んでいく」といったことはないはずです。制度の不備や運用の不十分さで、必要な医療を受けられない人がいる実態が指摘されていますが、医療は権利であってぜいたく品ではないということは、国民全体の共通認識になっています。しかし明治末の時代には貧困者にとって医療はぜいたく品であり、簡単には利用できませんでした。当時は貧困者対策自体が、恤救規則などごく限られたものでしたので、既存の制度の活用だけでは、貧困者への医療の確保はどうにもならなかったのです。

そうしたなかで、法による正式な制度ではないけれども、実質的に貧困者に医療を提供できるよう、済生会が構想されたのです。

歴史研究のなかでは、済生会についてあれこれの批判的分析がなされています。「天皇の慈恵を使って貧困問題をごまかそうとした」という批判が代表的なものです。あるいは、貧困者医療は制度的に対応すべきことで、民間団体が行うのはいびつな形だという見方もあります。確かに、本来なら法律を整備して、今の医療扶助のような制度をつくって対応するのが筋でしょう。済生会は、形式としては民間団体ですので、そこでの救療には権利性はありません。しかし、済生会ができる前より、貧困者の状況が改善されたのも確かです。当時のもろもろの現実のなかでは、これが考えられる一つの方策でした。

寄付金を集める

済生会の成否は、必要な経費を確保できるかどうかにかかっていました。「天皇陛下が率先してお金をくださったのだから、みんな喜んで出したのだろう」と考えがちですが、実際はそうではありません。

山口県文書館に戦前の行政文書が大量に保存されていて、そこには山口県内での済生会の寄付募集に関する文書が含まれています。私は、その文書を通読したことがあります。それでわかったのは、寄付募集に大変苦労したことです。

寄付を集めるにあたって、目標額を定め、県内の富裕者に割り当てたのですが、なかなか出してくれないのです。たびたび催促してやっと集まるような有様でした。天皇の名さえ示せば寄付してくれるほど、富裕者は太っ腹ではありません。

海外では富裕者が寄付する習慣があるのに対し、日本ではそういう習慣に乏しいという指摘があります。私は、「外国がよくて日本は駄目だ」という、ありがちな議論は好きではないのですが、山口県文書館に残る文書を読む限りは、「どうしてこの人たちは、こんなにまで寄付に消極的なのだろう」と感じます。

寄付への消極さは、やってみて初めてわかったことではなく、予測されたことではないでしょうか。その難事に立ち向かったのが渋沢だったのです。

一九一一年五月、六大都市の実業家九〇余名が首相官邸に集められ、済生会についての説明が行われました。渋沢は招集者を代表して、「協賛の辞」を述べています。天皇の意向に感謝するとともに、済生会の設立に賛同し、募金については各都市に世話人を選んで協議することを提起しました。渋沢の発言に沿う形で、さっそく東京の世話人会が五月中に行われるなど動いていきます。渋沢の努力もあって、済生会は予定通りスタートできました。済生会発足により、総裁や会長などの役員とともに顧問が置かれます。

顧問は一〇人いますが、他は山県有朋、大山巌、松方正義といった、政府のなかで主要な役職にいた人ばかりです。こうした人物に混じって渋沢も顧問に選任されました。顧問のなかで、純粋な民間人といえるのは渋沢だけです。

済生会に関しては、渋沢は中央慈善協会に対するような大きな影響力はなかったと思われます。しかし、この国家的な企画に関しても渋沢が一定の役割をもったことは意識しておいてよいのではないでしょうか。渋沢が関与していなければ、いかにも官製の押し付けがましい団体のようになっていたように感じます。

福祉につながる

渋沢が済生会へ関与することになったのは、すでに中央慈善協会の会長になっていたので、必然的に関与する流れになってしまった面もあります。

しかし、中央慈善協会会長としての職責上しぶしぶ協力したのではなく、積極的に賛同して協力しました。

勅語が出されて、まだ済生会ができていない時期に、渋沢が新聞記者の取材を受けて応えた記事があります。そこで渋沢は貧困者救済に携わってきた立場から、賛意を表しています。およそ天皇の名で出された勅語に「私は反対だ」とは言えないでしょうから、それだけなら当たり前のことかもしれません。

渋沢はより前向きに貧困者医療の重要性を語っています。「その人の不敏不幸にもせよ、また放蕩にせよ、かかる境遇に在る者をして医薬の恩恵に浴せしむるは政治上よりも努むべく」というのです。

ここで注目すべきなのは、貧困の原因が「放蕩」であっても、医療の恩恵を提供すべきだと述べていることです。貧困者救済にあたって、しばしば出てくるのは、「気の毒な事情で困窮したのなら助けるべきだが、浪費などの自己責任に帰する場合は助けなくて良い」という意見です。もっともらしい議論にも聞こえますが、この発想を医療に当てはめると、自己責任による貧困だと認定された人は、医療が提供されないことになります。そうなると、医療を受けさえすれば助かったのに、受けられなかったので死んでしまう、という結果につながります。

渋沢は、貧困になった原因が何であれ、病気に苦しむ貧困な人がいた場合、傍観せずに対応するのは、文明国としてなすべきことであると述べているのです。

ですから渋沢としては、富裕者同士のお付き合いとか、政府有力者との関係とかで、済生会に協力したのではなく、大いに賛同して協力したのです。

第1章でみたように、渋沢は東京養育院のなかで、病者と接していました。貧困者が病気になりやすいことも、また病気になったがゆえに貧困になることもよく知っていたはずです。貧困者への医療の提供は、貧困を防止するうえでも欠かせないことだったのです。

以後、済生会は貧困者救済を軸にして、今にいたるまで多様な医療・福祉活動を行っています。当初は、貧困な人に無料で診療を受けられる券を発行するというやり方をとっていましたが、やがて会としての医療機関を設置します。

はじめは小規模な診療所からスタートしますが、大正期に入ると済生会自身が病院をつくるようになります。一九一五年に東京の芝公園近くに最初の済生会病院が開院しました。一九一六年五月に建物の竣工式や会の創立記念日も兼ねて開院式が行なわれましたが、渋沢はここに出席して演説もしています。

さらに済生会は活動を広げます。当時の福祉界のリーダー的存在でキリスト教徒である生江孝之の尽力で、一九二六年に社会部を設置しました。

患者の退院後の世話や、患者の身の上相談をしたり、今でいう医療ソーシャルワークにつながる活動をすることを目的としています。これは医療と福祉をつなげる先駆的な活動でした。

済生会の出発において、天皇の名による温情的な性格があったことは否めませんが、以後の動きをみると、社会問題にしっかり向き合う活動をしているのです。

貧困者の医療は現在では、済生会が深く関与する必要はなくなりましたので、済生会の性格は変化しました。それでも病院経営はじめ、医療・福祉についてさまざまな活動をしています。瀬戸内海では巡回診療船「済生丸」によって、離島を巡回診療するというユニークな活動もあります。こうした実績は、済生会が貧困者医療から始まり、社会部を設けて福祉活動にも尽力した伝統を継承した活動といえるでしょう。

済生会の多様な動きについても、渋沢が基礎を築いたからこそできているのです。

ハンセン病救済と渋沢

ハンセン病者への人権侵害

渋沢が大きなかかわりをもった事業に、ハンセン病者の救済があります。

ハンセン病問題については、一九九六年のらい予防法廃止、そして病者として人権侵害を受けた人たちによる国家賠償請求訴訟の原告勝訴の動きのなかで、かなり報道されましたので、よく知られるようになりました。

ハンセン病は、かつては「癩」とか「らい病」とか呼ばれていました。神経が麻痺し、やがて手足の変形などが起きたり失明したりする病気です。「らい菌」が原因でおきる慢性感染症です。外見が変貌することもあって、古くから人々に恐れられてきました。

原因が判明する前は、遺伝が疑われたり、あるいは「前世で悪いことをしたので、天罰で罹った」という考えもあって、差別や偏見の対象になりました。

原因がわかって差別が解消するどころか、逆に「感染するから怖い」「感染を防ぐために隔離せよ」となって、かえって差別が深まることになります。

実際には、感染といっても、インフルエンザのような急性の感染症とはまったく違う感染・発病の経過をたどりますので、日常生活で感染を恐れるようなものではありません。

しかし、国は一九〇七年に「癩予防ニ関スル件」という法律をつくって、病者を療養所に隔離する政策を採ります。はじめは自宅で暮らせなくなって浮浪している人が入所の主な対象でしたが、一九三〇年代になって隔離政策が強化され、すべての病者の療養所への隔離が推進されていきます。

必要不可欠ではない隔離を強要したこと自体が、大きな問題でした。さらに療養所で数々の人権侵害がなされたことが、厳しく指摘されています。

医療スタッフが少なく軽症の病者が重症の人の世話をしなければなりませんでした。療養所を整備するための労働が課せられました。入所者同士の結婚が許されたものの断種手術が条件でした。不祥事を起した病者について裁判なしで所長が罰を与えることができました。刑法犯ならまだしも、反抗的というだけでも対象になりました。しかも拘束する特別な病室があって、減食などの仕打ちが加わって、死亡した人もいます。

ハンセン病の歴史を語ることがここでの目的ではありませんので、これ以上詳しく述べませんが、深刻な人権侵害が永くあったことは認識してください。

東京養育院とハンセン病

渋沢はハンセン病にも関心をもっていました。そもそも、日本のハンセン病政策は、渋沢が院長をしていた東京養育院から始まったといっても過言ではありません。

ハンセン病政策のキーパーソンに、光田健輔という人がいます。医師として隔離政策の必要性を唱え、ハンセン病医師たちのリーダー的存在、悪く言えばボスとして、ハンセン病医学を隔離政策の道具にしました。みずからも東京の全生病院や岡山県の長島愛生園の園長として、療養所を運営しました。

かつては「救らいの父」と呼ばれて聖人視されていました。文化勲章を受章し、出身地の山口県防府市の名誉市民となりました。

しかし一九九〇年代以降、隔離政策への批判が広がるなか、隔離を推進して人権侵害を行った人物として、すっかり評価は地に落ちてしまいました。

この光田健輔がハンセン病に深くかかわるようになった場こそ、東京養育院です。養育院には多様な人が入所していました。光田は養育院の医師になりますが、入所者のなかにハンセン病者が多いことに気づきます。ハンセン病者と、他の人が起居を共にしていました。光田は病者でない人への感染を危惧するようになりました。

渋沢や幹事の安達憲忠は、ハンセン病者が入所者に混じっていることに、特に何も思っていなかったようです。しかし、光田が感染の危険を訴えることで大いに驚くとともに光田の意見に納得するようになります。

そこで、一八九九年に二〇人ほどを隔離する特別な場所として、回春病室が東京養育院内で発足しました。隔離主義による医療の始まりといってよいでしょう。もちろん、渋沢の了解なしにできることではありません。

光田はこれに満足せず、隔離病院の開設を主張していきます。光田の訴えは政策に反映され、一九〇七年の「癩予防ニ関スル件」の制定に至ります。

この法律に基づいて、各地にハンセン病療養所が設置されていきますが、光田は全生病院の院長になり、ますます本格的にハンセン病政策への発言力を高めていくことになるのです。

一九五八年に『光田健輔と日本のらい予防事業』という本が出版されました。序文を書いているのは、渋沢の孫の渋沢敬三です。

敬三は栄一について「初代のらい予防協会の会長をつとめるなど、その晩年は社会事業、特にらい予防事業に情熱をかたむけていたようです。本書にもあるように、どうも光田先生は祖父栄一をらい事業に働かせた張本人の一人である」と記して、光田と渋沢との深い信頼関係があったことを述べています。

渋沢の最晩年の一九三一年、光田は岡山県の長島愛生園の園長になり、赴任にあたって渋沢に手紙を出しています。光田と渋沢の信頼関係は、渋沢の死去まで続いたといってよいでしょう。

渋沢は、民間のハンセン病施設の支援もしました。熊本に回春病院というキリスト教系のハンセン病施設が設立されます。創ったのは、ハンナ・リデルというイギリス人の女性です。養育院の回春病室とまぎらわしい名称ですが、直接は関係ありません。

ハンナ・リデルの資金確保の方法は、著名人に寄付を呼びかけることでした。そこで渋沢を訪ねて支援を要請します。

渋沢はリデルの要請に積極的に対応しました。一九〇五年と六年の二回にわたり、渋沢の発起によって、寄付を呼びかける集いをします。渋沢がリデルの活動を参加者に紹介して、回春病院への支援を呼びかけたのです。

財政難になったリデルは、一九一〇年にも渋沢を訪問して募金を依頼します。しかし渋沢はすでに回春病院への後援を財界に二度呼びかけたこと、養育院への寄付を募集しているところなので他の事業まで手が回らないこと、国で法律をつくったばかりなので国の療養所を利用すればよいこと、という理由で断ったそうです。ところが、リデルが泣いて懇願するので困ってしまいました。

渋沢は、ハンセン病対策は本来は公共的に行われるべきと考えていたようです。一九〇五年の段階では国の法律や施設はありませんでしたので、リデルの支援を引き受けました。

一九一〇年の時点では、「癩予防ニ関スル件」が制定され、公立の療養所が発足しつつありました。そのため、回春病院への支援には慎重に対応しました。渋沢は、頼まれれば何でもお金を出す、ＡＴＭのごとき存在ではなかったのです。

●癩予防協会会長に

渋沢がハンセン病にかかわる最後の行動は、癩予防協会という団体の会長になったことです。癩予防協会というのは、官民あげてハンセン病対策に取り組むことを目的とした団体です。

ハンセン病対策は、回春病院のような宗教系の施設が先駆的な役割を持ちますが、基本的には政府によって進められていました。かろうじて、一九二五年に民間の運動団体として、日本ＭＴＬという団体ができます。日本ＭＴＬは、ハンセン病療養所の支援や隔離政策の推進を訴えていきます。しかしキリスト教色の強い組織ですので、国民全体を巻き込むほどの力はありません。

一九三〇年代、強制隔離政策がますます本格化しようというなか、民間も含めたより強力な運動が求められます。

患者を確実に隔離するためには、まず病者を「発見」しなければなりません。自宅で療養している人も少なくなかったのです。さらに「発見」された病者の療養所への収容がスムーズに行われるためには、国民の「理解」も不可欠です。それには国民に広く、隔離政策の趣旨を浸透させなければなりません。国が強権的にやるよりも、民間団体を装ったソフトな組織を使うほうがむしろ効果的と考えられました。そこで、一九三一年に隔離政策をより強化した癩予防法の制定と連動して、癩予防協会が結成されたのです。

内務大臣安達謙蔵の意向を受けて、渋沢が内務次官や衛生局長と協議して、協会設置の方向が出されます。渋沢の語るところによれば、渋沢自身が協会設立を提案して働きかけたとのことです。

いずれにせよ、最終的には渋沢が安達内相と面談して、協会設置が決まります。そして、渋沢は九〇歳を越える年齢でありながら、会長になったのです。

ただ、資金がないという問題がありましたが、これは皇太后からの下賜金により、解決します。協会は、講演会やパンフレット配布などの活動によって、隔離推進を国民に働きかけます。

協会の働きにより、国民は「病者の隔離は正しいことで、療養所に入所した病者は幸せな暮らしをしている」と信じ込むことになりました。隔離政策が戦後も続いてしまったのは、協会の活動の「成果」でもあります。

協会の第一回の理事会は渋沢宅で行われ、渋沢が議長をしています。癩予防協会の場合も、名前だけのお飾りではなく、実質的な責任を負うつもりでやっていたのです。

結果的には渋沢は協会創設後すぐ死去しましたので、会長としての活動はわずかにすぎません。したがって、一九三〇年代に癩予防協会が行った、隔離政策を下支えする活動について、渋沢の直接の責任は限られたものです。

しかし、渋沢が会長であったという象徴的意味は大きかったと思われます。そうでなければ内務省も高齢の渋沢を担ぎ出したりはしません。

隔離主義と渋沢

以上のような渋沢の長年にわたるハンセン病との関係は、最近の歴史研究では評価されるどころか、むしろ厳しい批判の対象になっています。渋沢が名指しで厳しく批判されているというほどではありませんが、研究者の多くは否定的に見ていると思われます。

なぜなら、隔離政策の中核であった光田を支え、一九三〇年代の隔離政策強化を民間の側から支える役割を果たしたからです。

人権侵害のかたまりであった隔離政策も、もとをたどれば、東京養育院の回春病室です。以後も、渋沢が光田を物心両面で支えたと思われます。したがって、「人権侵害の影に渋沢あり」といえるでしょう。

私は、多くの人が隔離政策批判を開始する一九九六年のらい予防法廃止より早い、一九九〇年代初め頃から、隔離政策の問題性を感じて論文を書いてきました。つまり私も、渋沢批判に連なる立場であるということです。

渋沢と強制隔離との関係をどう考えたらいいのでしょうか。歴史の評価として、渋沢の言動が隔離政策を助長するものであったとして、批判的に捉えられるのはやむを得ないことです。だからといって、渋沢の心情については、当時の渋沢の主観に即して検討することも必要です。渋沢は、光田から直接に隔離の必要性を聞きました。医師である光田の説明を否定する根拠を、医師ではない渋沢がもっているはずがありません。

光田は現在では隔離のシンボルとされて、悪く言われます。しかし、私は光田と直接会ったという何人かから、光田の人間性を聞いたことがあります。そのなかには療養所に入所していたハンセン病者も含まれています。皆が共通して言っていたのは、温厚な暖かい人柄だったということです。

自分と違う意見を言う人に激怒したというエピソードもありますので、いつもそうだったのかは疑問もありますが、少なくとも上司である渋沢に対して話すときは誠実そうな雰囲気だったのではないでしょうか。誠実そうな光田から聞いた話を渋沢がすっかり信じ込んだとしても、渋沢を責めることは酷な気がします。

隔離政策は、光田一人の思い込みでできたわけではありません。光田を取り込んで隔離を推進した国の責任があり、国の方向を支えた国民全体の責任も小さくありません。国民の責任という点で、一般国民よりも情報を得ることが容易だった渋沢が、とりわけ大きい責任を負っているのは確かです。

しかし、当時は治療困難で辛い人生を送っている病者を無視せずに、何らか向き合おうとしたのが渋沢です。渋沢は東京養育院に入所するまで浮浪していた病者を知っていましたから、全国に多く散在する病者について、助けたいと思ったのではないでしょうか。渋沢を一方的に批判するだけでは生産的でないと思います。

世の問題のなかには、その時に何らかの判断をして動いたけれども、後から考えると間違っていた、ということがあります。

だからといって、何かの問題があるときに判断を留保して傍観し、無関係でいることが人間として良心的で優れた生き方かといえば、そうとはいえません。間違ってはいけないということが最優先になると、結局何もしないことが一番の得策になってしまいます。間違いを恐れて、何もしない生き方からたくさんのことが学べるようには思えません。渋沢は、留保しないで動いた人だったのだす。

結果的に間違っていたことは、批判されてもやむを得ないでしょう。しかし後世の者がすべきなのは、間違えた事実をしっかり確認することと、なぜ間違えたのかを検証することです。私は、ハンセン病者の隔離政策を徹底して批判します。国による大きな流れに、良心的な人も含めて同調していった悲劇について、しっかりと検証し、誤りを繰り返さないようにしなければなりません。

しかし、病者の苦しみに目を向けた渋沢の姿勢や生き方については、評価すべきものがあると考えます。渋沢の全体を否定するのではなく、渋沢の善意が人権侵害に使われてしまった隔離政策の奥深い闇こそを、究明して批判すべきです。

ハンセン病に関しては、渋沢の行動は、結果的には正しいとはいえないものになってしまいました。しかし、中央慈善協会会長をはじめ、渋沢が責任ある姿勢で福祉と向き合ったことは、福祉を前進させる力となりました。全国社会福祉協議会が日本の福祉を牽引している。経済力のない人が、当然の権利として医療を受けている。当たり前の光景ですが、それには渋沢の尽力があったのです。

第3章

福祉を陰で支える

渋沢栄一は、東京養育院院長や中央慈善協会会長のように、トップとして福祉の顔になりました。一方で、あまり表に出ない形で福祉を支えていました。

トップとして活動する場合、責任も明確ですが、そのかわりに社会的な評価や影響力を得られるという、いわば見返りも期待できます。もし渋沢が、トップとしての活動にとどまっていたのなら、「それはビジネスにも有利になるという計算づくのものだった」という批判ができるかもしれません。

しかし、渋沢の福祉との関係は、社会的にはさほど目立たない形で、しかし実際には大きな効果をもたらした活動もありました。

明治になって、孤児や捨て子を救済する施設など、さまざまな団体や施設が創設されます。何らかの創設者の想いがあって創られたのですが、創ってからいくらでもお金がかかります。救済を必要とする人は、増えこそすれ減ることはありません。施設というものは、創設した後の運営や維持が大変です。入所者の食費などの生活費が当然必要です。また、最初は家族的な規模で始まった施設が、次第に大きくなりますと、職員を雇わなければならなくなります。当時のことですので薄給ではありますが、お金は確実にかかるわけです。

福祉の歴史について、施設を創設するときの経緯などは感動的に語られるのですが、その後の維持については、あまり触れられません。触れたとしても創設者自身の苦労話になってしまいます。創設者の苦労は評価しなければなりませんが、施設が維持できたのは創設者の周囲に、支えてくれる支援者がいたはずなのです。

そういう支援を多く引き受けたのが渋沢です。東京養育院のときのように前面に出ることではありません。何らかの役員を引き受けただけのこともありますし、あるいはフォーマルな役割は持たずに、実質的に支えていたケースもあります。

いずれにせよ今日、そうした団体や施設が語られるとき、渋沢の功績はさほど示されません。実は、目立たない渋沢の一つひとつの支援が、福祉を陰で支えていたのです。

救世軍への支援

救世軍とは何か

その代表的なものは、救世軍という戦前の福祉に大きな貢献をしたキリスト教団体への支援です。渋沢は救世軍の支援者として、死去するまで支え続けました。救世軍側も渋沢に支えられていることを認識していました。その認識は渋沢が死去した後もずっと続いています。

救世軍が日本で活動を始めて百周年を迎えたのを記念して発行された『救世軍日本開戦百周年記念写真集』という、一九九七年に発行された本があります。そこで「救世軍の援助者」として、救世軍の外部にありながら、救世軍を支え続けた人を三人紹介しています。

一人はあまり有名ではないのでここでは除き、あとの二人は渋沢と森村市左衛門です。森村市左衛門は渋沢同様、経営者として活躍した人物で、現在のノリタケカンパニーなどを創設しました。森村も救世軍を終始支えた人物ではあるのですが、やはり渋沢の貢献がより大きいように思います。

そもそも救世軍とは何なのでしょうか。説明するのが難しいのですが、キリスト教プロテスタントの一つの派です。プロテスタントというのは、カトリックのような一つの組織ではありません。長老派、メソジスト、バプテスト、聖公会などのさまざまな派を総称して、プロテスタントと呼んでいます。

救世軍はそういうプロテスタントの一つの派なのです。イギリスで、ウィリアム・ブースという人が一八六五年に創設しました。ブースはロンドンの貧困な人たちにキリスト教の伝道を試みます。しかし貧困な人たちは日々の生活が大変で、信仰をもつ余裕がありません。伝道のためには生活支援とセットでないと効果が薄かったのです。

そこでブースは、もともと属していたメソジストを離れて救世軍を創設することになります。救世軍はイギリス以外の国でも活動することになって、一八九五（明治二八）年に日本にもやってきました。

現在、東京の神田神保町交差点のすぐ南側に本営が建っています。神保町に行くことがある人なら、無意識のうちに救世軍本営を見ているはずです。

他のプロテスタントと比べた特徴は、福祉活動と宗教とを一体化して捉えていることです。救世軍の特徴を示す「社会事業にあらざる救霊事業なし、救霊事業にあらざる社会事業なし」という有名な一文があります。福祉活動でない宗教活動はないし、宗教活動でない福祉活動もない、ということです。

救世軍のリーダーとして活躍したのが山室軍平です。山室は岡山県北部の農村の出身です。出身地は現在は合併の結果、新見市に含まれていますが、市街地からは遠く離れた場所です。

山室は東京に出て、キリスト教信仰を持ちます。その後、現在の同志社大学神学部で学びます。当時の同志社ではキリスト教について、現代思想の影響のもとで新しい解釈をしようという動きが活発でした。

それは、山室の伝統的な信仰とは違うものでしたので、山室は同志社を中退します。山室は、救世軍の来日を知って、これこそが真実のキリスト教であると考え、さっそく入りました。

山室の業績が偉大であるため、山室が救世軍の創設者であるかのように誤解されがちですが、先にイギリス人によって日本に救世軍が入ってきて、そこに山室が入隊したのです。

以後、リーダーシップを発揮して、救世軍を日本の代表的なプロテスタントの派として発展させ、さらに福祉活動をすすめて、福祉において日本を代表する団体になりました。

しばらくはイギリス人が、司令官という日本救世軍のトップにいて、山室はその下で仕事をしました。山室が日本人初の司令官になるのは、一九二六年です。

●救世軍の福祉活動

救世軍はたくさんの福祉活動を行います。ありすぎて簡単に説明できないのですが、主要なものだけ紹介しますと、まず当時は免囚保護事業と呼ばれていましたが、刑務所を出所した人の社会復帰の世話をしました。

大学殖民館という、セツルメントと呼ばれる地域福祉活動を行いました。大学殖民館は火災で焼失しましたが、後に違う場所に救世軍植民館を開始しました。

貧困者への支援として、年末に慰問籠というものを配りました。その費用をまかなうためにはじめた年末の募金活動が、慈善鍋、後に社会鍋と呼ばれるものです。

病者の支援を行い、病院を設立しています。特に結核患者に関心を寄せて結核患者の施設を創ります。ハンセン病にも関心をもったのですが、国の隔離政策が強力に進められたこともあって、これは小規模な活動にとどまります。

児童施設をいくつか設置しました。児童虐待が多発していたため、児童虐待防止運動に着手したこともあります。

労働者保護として、宿泊施設などを運営しました。職業紹介などもしています。今の感覚ですと労働者は、職があってとりあえず安定しているように感じます。当時の労働者は失業のリスクが高く、貧困に陥る可能性もありました。労働者を支えることは貧困を防止することでもありました。

こうして数多くの活動をしましたが、なかでもよく知られるのが、廃娼運動と呼ばれるものです。戦前には公娼制度というものがあって、売春は合法的でした。遊郭と称する場所が定められていて、そこでなら、堂々と売春が営業できたのです。

売春について、当時の倫理感ではやむを得なかったという意見もあります。しかし、娼婦が自由意志でやっているのならまだしも、実際には家の借金のために事実上身売りされてやっているのでした。

救世軍はこういう状況をよしとせず、公娼制度をやめるように訴えます。さしあたり、自由廃業運動ということをやります。借金がある限り娼婦をやめられない、とみんな思っていましたが、実は法律上はそんな義務はありません。親に借金があるからといって、子どもの職業選択の自由が奪われることはないのです。このことは、裁判でも確定していました。ですから、やめることは可能でした。

そこで、そういう情報を提供して、やめることを促したのです。しかし、そんな運動をされると、売春業者は「商品」である女性がいなくなるので困ります。救世軍の人が自由廃業運動のために遊郭に現れますので、そのときに暴力団を雇って殴る蹴るの暴力で抑え込もうとしました。しかし、救世軍の人は殴られてもひるむことはありませんでした。

自由廃業させただけではまだ不十分です。娼婦をやめても、すぐに就職や結婚などの社会復帰ができるわけではありません。そこで、婦人保護施設という施設を創って、社会復帰のための支援をしました。

こうして、救世軍は多様でたくさんの活動をしましたが、それだけ多額の費用もかかります。救世軍は小さな宗教団体にすぎません。信者以外に、多数の協力者がいたから可能になったのです。協力者には無名の市民も大勢いますが、社会的な信用を得るための有力者も必要でした。それが渋沢でした。

なぜ救世軍が市民権を得られたのか

私は学生のときから救世軍に関心があって、卒業論文では救世軍を主に取り上げ、その後も関連する論文をいくつも書いてきました。その私がずっと不思議だったのは、イギリス生まれの異様な団体の救世軍がなぜ日本で市民権を得たのかということです。

救世軍の福祉事業に対して、皇室からの下賜金が与えられるなど、政府が優遇しました。さらに、国民も救世軍を日本に必要な団体として受容しました。たとえば、慈善鍋（後に社会鍋）なる街頭募金が受け入れられ、今でも冬の風物詩になっています。

救世軍は「軍」といっているように、特異なシステムで運営しています。一般のキリスト教で信者とか信徒という人を救世軍では「兵士」といいます。「牧師」と呼ぶ立場の人を「士官」

と呼びます。牧師養成の学校を普通は神学校といいますが、救世軍では「士官学校」です。教会は「小隊」です。「士官」の人たちは、救世軍の活動をするときには軍服のような服を着ます。

戦前は今と違って、軍隊は国民にとって身近な存在でしたから、今の感覚で捉えてはいけないのですが、それを差し引いても、愛の教えを説く宗教団体が軍隊同様の組織でやっているということに対して、違和感は拭えません。事実、戦時下には「皇軍でもないのに軍を名乗るのはけしからん」ということになって、「救世団」と改称させられます。

また、救世軍の教えにも、市民感覚では受け入れがたいことがあります。すでに述べたように、公娼制度に真っ向から反対していました。男性が遊郭に通うことが当然と思われた時代、一般市民には奇妙な教えを説く団体のように見えたのではないでしょうか。

救世軍の特徴の一つは禁酒です。日本では、キリスト教全体が禁酒主義のように誤解している人もいますが、キリスト教に禁酒という教えはありません。もしキリスト教の教義として禁酒があるのなら、フランス人がワインを飲んだり、ドイツ人がビールを飲んだりするはずがありません。

私はキリスト教関係の学会に入っていますが、学会の集まりがあれば、懇親会があってしっかりお酒が出ます。あるいは、キリスト教の大学に勤務していますが、謝恩会ではお酒は飲み放題で、私は毎年ふらふらになって帰宅しています。つまり救世軍は、キリスト教本来の教えからすれば違ったことを説いているのです。

救世軍が日本社会に受容されたことについて、「日本は日英同盟を結んで、イギリスとの外交関係を重視するようになった。イギリスとの関係を深めるために、救世軍を優遇したのである」と説明されてきました。しかしよく考えると、そういう説明には疑問が残ります。政府がそう考えたとしても、国民までもがそれに合わせて救世軍を受け入れるものなのでしょうか。

国民は、個人的感情とか、いろいろな要素の中で思考していくはずです。戦争中のように、国民が総マインドコントロール状態になっている時代ならいざ知らず、平時にそんなに政府の方針に沿って考えるものでしょうか。

また、救世軍を優遇することが、イギリスをそれほど喜ばせるものなのでしょうか。イギリスの主たる宗教はイギリス国教会です。国教会からメソジストが分離し、そこからさらに分かれたのが救世軍ですので、イギリスの主流の宗教からみると亜流のそのまた亜流です。

●渋沢の支援

私の一つの仮説は、渋沢がいわば保証人のような役割をもって救世軍を世に紹介していたからではないか、というものです。

もちろんそれは要因の一つであって、他にも要因はあるでしょう。しかし、寄付してくれた、といったレベルではない深い関係があることは確かです。

渋沢と救世軍との本格的な関係は、一九〇七（明治四〇）年の救世軍創設者ウィリアム・ブースの来日から始まります。この来日でのブースの行動は、救世軍から『日本に於けるブース大将』という報告書が刊行されていますので、詳細に把握できます。

イギリスとの外交関係を重視する政府の方針もあって、一宗教団体の指導者にすぎないはずのブース来日は、大々的に歓迎されます。来日してさっそく四月一八日に東京市による歓迎会が開催されます。

この歓迎会の賛同者の一人が渋沢でした。歓迎会では、東京府知事の開会挨拶と市長の歓迎の辞に続き、渋沢が歓迎文朗読を行います。

渋沢は救世軍について、宗教団体であると同時に福祉団体であることを示して、宗教活動に敬意を払うと同時に、福祉に対して一層感謝の念を持つ、と述べています。

そして、救世軍の行っている福祉活動を列挙して紹介したうえで、物質的な救済だけでなく精神的な救済も行っている優れた団体であることを強調しています。

市長の歓迎の辞は、「偉人が来たから光栄だ」というだけの内容で、何をもって「偉人」として誉めているのか、さっぱりわかりません。渋沢の歓迎文こそ、ブースや救世軍の活動を丁寧で正確に紹介したものだったのです。

さらに注目したいのは、歓迎文のなかで渋沢は救世軍を紹介するだけでなく、自分の福祉への考えも披露しています。福祉は社会の安寧にとって必要なものだと訴えます。そのうえで、日本の福祉の現状について、「未だその萌芽の時代を脱する能はず。之れ余輩の深く留意せざる可らざる状態なり」と批判します。福祉が必要なのに、今なお萌芽の段階にとどまっていて憂慮するというのです。

そして、日本に助け合いの気風があることは良いのだが、時代とともに減少しており、「大に公共的慈恵設備の拡張」が求められると述べています。

渋沢の歓迎はこの一回だけではありません。二〇日にブースは東京養育院を訪問します。ブースは養育院の人たちへの講話を行います。主に人間としての生き方について平易に語っています。

養育院訪問後、ブースを自宅に招いて、ブースによる講演を、華族、官僚、政治家ら有力者約百人に聞かせます。ブースは一時間ほど、救世軍の福祉活動を語ったそうです。

有力者はなぜブースの話を聞きにきたのでしょうか。ブースに以前から興味があって、自分の意思で楽しみにして来たとは思えません。渋沢が仕切っている場なので、お付き合いで来たと考えるべきです。渋沢がブースを歓待している様子を目の当たりにして、救世軍という団体が、渋沢が推薦する優良団体のように受け止めたのではないでしょうか。

訪問時には公式の対応だけでなく、庭園にも招いて個人的な会話も交わされましたので、渋沢の救世軍への好意は一段と深まったと思われます。

渋沢とブースとの関係はこの時だけではありません。山室が一九〇九年にイギリスに行くときには、ブースへの賀詞を山室に託しています。さらにウィリアム・ブースの後継者である、ブラムエル・ブースやエバンゼリン・ブースといった人も後に来日しますが、その際も自宅に招いて歓待しました。

渋沢は救世軍の名声を聞いただけで、いい団体と思い込んで支援したのではありません。東京にある救世軍の施設をすべて見て回りました。自分の目で、よい事業を行っていることを確かめたうえで、支援を深めていきます。

救世軍が事業を起したり、本営の建物を建てたりするときには発起人として名を連ねました。実業家に渋沢が手紙を出して、資金を集めたこともありました。山室によれば救世軍のために、紹介状を四、五百通は書いたというのです。

第一次世界大戦の影響で救世軍の財政が厳しくなったときにも、救世軍への支援を呼びかけました。また、救世軍に皇室からの下賜金が出るようになったのも、渋沢による推薦が影響したそうです。下賜金は、救世軍の社会的な評価を高めて、寄付金を集めるのに有利になったと考えられます。

これらの動きは、まさに渋沢が救世軍の保証人となって、社会全体が救世軍を支援するように動かしていったことです。もちろん渋沢自身も救世軍への多額の寄付を続けました。

式典への出席

渋沢は救世軍が新しい施設をつくったときの開所式などにも出席し、祝辞を述べています。

一九一一年一一月二五日に、月島労働寄宿舎という、労働者向けの施設が開所するときがそうです。「肉体的な働きだけで生活すると安易な気持ちに流れます。精神上の感化を加えることでよい働きができるのです」と話して、救世軍の姿勢を称賛しました。

この開所式に渋沢は、中央慈善協会会長の立場で出席しています。しかし、全国組織の会長が、福祉の有力団体とはいえ、一施設の開所式に出るというのはかなりの厚遇に感じられます。

一九一八年四月二十七日には希望館という施設の落成式に出席しました。祝辞では「真剣で熱心な事業は人々を感激させる力を持っているのです」と救世軍を評価しました。

同年には救世軍療養所の増築がありました。祝辞で「哀れみの情でとどまっていたなら、思い通りにはなりません。人情から出発しても、行いは冷静にやらないといけません」と語っています。

一九二二年の救世軍病院の開院式は、風邪で体調を崩して欠席しましたが、そのかわりに山室軍平宛の文書を寄せています。

一九一九年七月には、アメリカ在住の日本人に救世軍の組織をつくるために渡米することとなった小林政助という人にあてて、手紙を出しました。「これほどの強い信念と熱心な意気をもってすれば、必ず目的を達して、日米親善にも貢献することになるでしょう」と励ましています。

山室はこうした恩義に応えるため、毎日渋沢のために祈ったそうです。また、山室は渋沢がキリスト教に改宗することを願っていたようです。個人的に会う時間があれば、キリスト教を薦めたり、キリスト教信仰の本を寄贈したりしていました。

晩年になると、山室による渋沢へのキリスト教の薦めは執拗になっていきます。字体の大きい聖書を携えて訪問し、キリスト教の話を何度かしました。山室からすれば、死期が迫った今なら、信仰を受け入れてくれるのではないかと期待したのでしょう。

渋沢の救世軍観

山室には渋沢への片思い的な熱い信頼があったようですが、渋沢の側は救世軍をどう見ていたのでしょうか。

救世軍が一九二二年に刊行した『十目の視る所』という冊子があります。有名人が救世軍について論評した文章を掲載したもので、大隈重信や床次竹二郎が載っています。床次は、官僚から政治家になった人物です。総理候補といわれていましたが、政友会を出て政友本党をつくるなど、動きすぎてかえって総理の座から遠ざかった人です。

渋沢による「救世軍に対する感想」という一文が載っています。それによると、自由廃業運動については異様に感じて、あまり賛成ではありませんでした。しかし、山室やブースに会って、救世軍への見方が変わりました。

ブースが東京養育院で語った内容にも感銘を受けたそうです。ブースは日本を去るにあたって、救世軍を支援するよう何人かの人に手紙を書きましたが、そのうちの一人が渋沢でした。以後、救世軍を熱心に支援するようになりました。

渋沢は福祉について「衷心の至上より出でねばならぬ」と述べています。「交換的、売買的」であってはいけないというのです。つまり、単に一方的に施与をするだけではマイナスの結果をもたらすことにもなるので、「衷情」によるものであることが求められます。

山室の考え方も、自分が見た救世軍による事業も、その点がしっかりなされているというのです。この種の発言は儀礼的に相手を誉めることになりやすいですので、額面どおり受け取ることには慎重でなければなりません。しかし、渋沢の救世軍への熱心な支援や、山室の渋沢への信頼を見ると、おおむねそのように渋沢が考えていたといっていいと思います。

渋沢は、単に福祉事業をやっているから支援をしたというのではなく、事業の内容を吟味した結果、支援に値するから支援を惜しまなかったのです。

渋沢死後の山室の弔意

渋沢が死去した後、山室ないし救世軍は弔意を表します。救世軍では毎年、年報的な役割をもった冊子を発行しています。一九三二年に『愛の奉仕』と題した冊子を発行しているのが、それにあたります。

『愛の奉仕』の巻頭に掲載されているのが、「渋沢子爵と救世軍」という弔文です。一九三一年に救世軍の周辺で起きた出来事のなかで、渋沢の死が最大の事件として受け止められていたのです。

そこで渋沢は救世軍と渋沢との長く深い関係を語っています。そして、最後に渋沢について「善きサマリア人であった。私はいつまでも、彼を日本における救世軍の、最大なる恩人として記憶するであろう」と述べています。

「善きサマリア人」とは、聖書を多少でも学んだ人なら知っていると思いますが、イエスが話したたとえ話の一つとして福音書に記述されています。

旅人が強盗によって大怪我をして倒れていました。司祭と、レビ人と呼ばれる人が通りすぎましたが、見てみぬふりをしました。次に通りかかったサマリア人は、介抱し宿に連れて行きます。サマリア人は旅立つとき、宿屋の主人にお金を渡して後の対応を依頼し、お金が不足すれば自分に請求してほしいと言いました。

キリスト教と福祉との関係を論じるときに必ず紹介される箇所です。渋沢について「善きサマリア人」と述べるのは、これ以上はありえない最高の評価をしているわけです。

人の死の直後には、その人への批判を謹んで、良いことだけを強調するのが礼儀ではあります。しかし山室の弔文は、それまでの二人の関係などを考慮すると、単なる儀礼ではなく、本当にそのように考えていたというべきでしょう。

救世軍を支援した意義

渋沢は特定の宗教に入ることを避けて、帰一協会という宗教を超えた思想を実現しようとした団体に関係してきました。いくら死期が迫ったからといって、渋沢がキリスト教に入信するとは思えません。それでもキリスト教の教えを説かざるをえないくらい、山室は渋沢に謝意があったのです。

山室の渋沢への熱い思いは、不可解に見える面もあります。山室は廃娼を訴えるなかで、性的な潔癖さを求めてきました。『公娼全廃論』という著書で、公娼廃止の理由を六つ掲げていますが、その二つ目が風紀上の理由で、「男子に不品行を公許して置くもの」と述べています。渋沢に正妻のほかに愛人がいることは周知の事実でしたので、山室がそれを知らなかったとは思えません。山室は庶民に対しては性的な潔癖さを求め、渋沢には問わなかったのです。

著名人でも伊藤博文については、伊藤の女性関係を指摘して「伊藤博文という人は実に神様の前に大罪人である。自ら地獄に堕ちるのみならず、人を地獄に堕とす大罪人である」と罵倒しています。ダブルスタンダードにしか見えません。いったい、山室という人の倫理観はどうなっているのでしょうか。率直に言って私は、天国に行けたら山室に会って、こうした疑問を厳しく問いたいと考えています。ただ、そういう矛盾を追及することよりも、渋沢が外国育ちの怪しい団体を終始支援し続けたこと、救世軍はそのおかげでたくさんの活動が可能になったことをきちんと確認していくことが大切です。

渋沢による救世軍への支援で、渋沢に何か利益になるようなことがあったとは思えません。ウィンウィンの関係ではなく、一方的な関係だったのです。

渋沢は、発起人に名を連ねるなどしており、匿名で支援したわけではありません。しかし、「救世軍を支援することで福祉に寄与している」などと自分から宣伝したわけでもありませんから、陰で支えたといってよいと思います。

救世軍は日本の福祉を基礎を築いたといっても過言ではない大きな働きをしました。その働きは渋沢あってのものだったのです。

施設を支える

●岡山孤児院

渋沢が応援したのは救世軍だけではありません。他のさまざまな施設にも関与していきました。まず児童施設からみていきましょう。

児童施設の先駆といえば、まず岡山孤児院が思い浮かびます。石井十次が一八八七（明治二〇）年に設立した施設です。岡山周辺の孤児だけでなく、濃尾大地震や東北凶作の被災児童の入所も受け入れて、最大で一二〇〇人にまで膨れ上がりました。

大規模施設というと、狭い場所に子どもが押し込められているような印象を受けるかもしれませんが、そうではありません。

小舎制といって、普通の家のような建物を建て、家庭的な環境で養育しました。また学齢前の子どもについては、里親に預けて、やはり家庭のなかで育てることを重視しました。また、「非体罰主義」「満腹主義」などの優れた教育理念を掲げ、実践しました。

「満腹主義」というと、ユーモラスな印象で何を主張しているのかと思う人もいるでしょうが、子どもたちに十分に食事を摂らせるということです。「施設の子どもだから食事は多少貧相でもいい」などという、温情的な発想ではなかったのです。

渋沢と石井も関係がありました。一八九九年五月に岡山孤児院の音楽幻燈隊の東京公演が行われ、石井が上京します。音楽幻燈隊というのは、孤児院の資金獲得のため、入所児童によるブラスバンドと、今でいうスライドを使った孤児院の紹介を組み合わせたイベントをするものです。

入場料を徴収するとともに寄付も募集して、資金を得ます。後には活動写真を上映するようになりました。日本国内だけでなく中国・朝鮮やハワイなど遠方でも実施しています。

上京した石井は五月一一日に、渋沢宅を訪問しました。一四日には渋沢宅で岡山孤児院の音楽幻燈隊の公演が行われました。渋沢自身も一〇〇円の寄付をしました。公演を実施すれば、準備や片付けなどの作業もありますし、多数の人が敷地内に入ることにもなります。かなりの負担になるはずですが、渋沢は自宅を提供したのです。

一九〇六年一一月二三日にも石井が渋沢宅を訪問したことが確認できます。さらに石井は、一九一〇年に東京養育院分院を訪問しています。地理的な関係で、石井が渋沢を訪問することが目立ちますが、一九一一年五月一九日には渋沢が岡山孤児院を訪問しています。ただしこの日、石井は岡山孤児院の移転先である宮崎県の茶臼原にいましたので、会ってはいません。

一九一七年に岡山孤児院創立三十年記念会が開催されたときは、中央慈善協会会長の立場ではありますが、祝辞を寄せて、業績や労苦を讃えています。石井の死去にあたって東京でも追悼演説会が行われました。渋沢は発起人に加わっています。

岡山孤児院を支えた経営者として著名なのは大原孫三郎です。飛行機も新幹線もない当時、多忙な渋沢が岡山に出向いて常に関わるわけにはいきません。岡山を拠点とする大原と比べれば、渋沢の支援は小さなものだったでしょう。

けれども、岡山孤児院を支えた経営者は大原だけではありませんでした。渋沢もまた、この先駆的施設の支援者であったことは認識しておくべきでしょう。

福田会育児院など

孤児救済というと岡山孤児院が有名ですが、岡山孤児院よりももっと早く孤児救済に着手していた施設はあります。その一つが福田会育児院《ふくでんかい》です。

「福田」というのは仏教の経典にある思想で、人を助けることは福を蒔く田園であるという意味です。この福田思想に基づいて建てられ、孤児救済を行いました。

渋沢は福田会の会計監督を委嘱されました。また、名誉顧問も務めています。福田会育児院は、あまり有名ではないかもしれませんが、東京で長く活動した先駆的施設として、もっと注目されてよい施設です。現在では、広尾フレンズという名称で児童養護施設として継続しています。福田会育児院にとって、渋沢が関与している意義は、会計監督・名誉顧問という立場以上のものがあったといってよいでしょう。

ほかに先駆的な児童施設として、鎌倉保育園があります。「保育園」という名称ですが、今でいう児童養護施設です。創設者は佐竹音次郎というキリスト者です。

鎌倉保育園は資金獲得の方法として、「慈善書画会」という企画を実施していました。著名人の書画を出品して利益をあげるのです。佐竹はやがてこういう方法は望ましくないと考えて、賛助員を組織化しようとします。特定の篤志家に依拠するのではなく、広く支持者を集めようとしたのです。考え方はよいのですが、日露戦争後に賛助員からの寄付が減少するなど、資金獲得に困難なことに変わりはありませんでした。

そこで、渋沢に頼ることを考えたようです。一九一一年三月一日に東京市長であった尾崎行雄に面会し、渋沢を紹介する名刺をもらいました。同日に森村市左衛門からも名刺をもらいました。さっそく三月八日に渋沢を訪問します。そこで書五〇枚の承諾を得ました。

以後、渋沢との関係を継続していきます。上京の折に渋沢と面会したことや、中央慈善協会の総会に出席して、渋沢と接触するなど、福祉関係の会合に佐竹と渋沢がともに出席していて、会っているようです。

一九二六年一〇月三日には、渋沢宅で開かれた園遊会に佐竹が招待されていますので、佐竹の側から一方的に会う場をつくっていただけではなく、二人の関係が相互的になっていったと思われます。

最初のきっかけは、佐竹の側からの働きかけです。渋沢はそれを受け入れ、鎌倉保育園を支援していくことになったのです。地理的な関係で、常時の深い関係があったとまではいえませんが、鎌倉保育園が事業を継続していくうえで、渋沢の支援が有効に働いたのではないでしょうか。

鎌倉保育園は、鎌倉にとどまらず朝鮮の京城などに支部を設けます。念のために言っておきますが、それは日本の侵略の片棒を担いだ取り組みではありません。むしろ逆で、日本人でありながら、朝鮮の子どもたちを真剣に救った活動でした。その証拠に、中心となって働いた曽田嘉伊智という人は、戦後になっていったん日本に帰りますが、まだ日韓の国交が回復していない時期に韓国にもどり、韓国で死去します。韓国政府は文化勲章を授与しました。

こういうことは、鎌倉保育園が「日本帝国主義の尖兵」と韓国の人たちに思われていたら、ありえないことです。

もう一つ紹介します。二葉幼稚園という幼児教育施設があります。一九〇〇年に幼稚園としてスタートしました。しかし以後の歩みのなかで、「幼稚園」ではなく、「保育所」ということになって、保育所の先駆とされています。園の名称も二葉保育園と改称しました。

渋沢は創設時には関係なかったように思われますが、大正期になると寄付の記録があります。一九二九年に改築したとき、渋沢は一〇〇〇円という当時としては多額の寄付をしています。

犯罪者・非行児童施設を助ける

東京出獄人保護所

一八八三年に東京出獄人保護所という施設が、原胤昭によって設立されています。原はキリスト者で、近代初期の福祉において、施設運営以外、たとえば第2章の中央慈善協会などでも活躍した人物です。

山田風太郎に『明治十手架』という小説がありますが、その主人公です。もっともこれは小説です。荒唐無稽というと言い過ぎかもしれませんが、史実とはとても思えない描写がたくさんありますので、『明治十手架』で原の人物像を把握すると誤解が生じます。小説はあくまで小説として読むことをお勧めします。

原が立ち上げた東京出獄人保護所は、今でいう刑務所を出た人を支援する施設です。就職などの刑務所を出た人の社会復帰は容易ではありませんので、支援をしていきます。

今の感覚では、官庁でいうと法務省の管轄になるので、福祉ではないように見えますが、当時としては主要な福祉の領域でした。公的な事業のような印象を受けますが純粋な民間施設です。

原がこの事業を行うにあたって、渋沢からの支援を受けたらどうかというアドバイスをする人が何人かいました。しかし原は、この事業はキリスト教の博愛の事業であることから、経営者からの支援は考えていませんでした。「さっそく渋沢氏に懇願しようなどという考えはもっていなかった」と原自身が明言しています。

ところが渋沢のほうから接近してきます。というのは、第1章で述べたように、東京養育院で、非行児童のための感化部を設置します。感化部を置いただけでは、単に非行児童を隔離しただけになりかねません。

適切な指導体制をつくるために三好退蔵を呼ぶわけですが、三好に丸投げしていたわけではありません。渋沢自身も感化事業をどのように行うべきか考えていたのです。そのために原の意見を聴こうとしたのです。

それも一回ではなく度重なるようになります。こうしたつながりの結果として、原の事業に資金提供も行うようになります。また、出獄人保護所の協議員にも就いています。

渋沢は原を高く評価し、物心両面で原を支えるようになりました。しかし渋沢は「釈放者保護の大切なことを教えられたのでした」「原さんから免囚保護の感化を受けたことは私が差上げたものよりも多いのです」と述べて、自分が原を支えたのではなくて、原によって教えられたことを感謝しています。

●家庭学校

家庭学校とは、留岡幸助が創設した非行児童の施設、すなわち当時の感化院、今の児童自立支援施設です。

家庭学校という名称からわかるように、非行児童を刑罰の対象とは考えず、教育によって更生できるという信念をもって運営されました。

その信念は家庭学校の実際の運営に反映しています。家庭学校以外にもすでに非行児童の施設はあり、設置目的も決して懲罰のためではありませんでした。

とはいえ、非行児童が入所しているということで、入所児童が無断で出て行かないように何らか閉じ込めていたのです。しかし家庭学校では、塀をつくらない、鍵をかけない、門を開けておく、という方針でやりました。

そんなことをすれば、脱走するのではないか、との疑問も湧いてきます。しかし留岡は、施設が児童にとって暖かい愛の場であれば逃げるはずはない。逃げるのは愛が足りないからだ、と考えたのです。

この考えが、全国の他の感化院に広がって、閉鎖的にしないというやり方が定着していきます。現在も、一部の特殊な例外を除いて、児童自立支援施設は、開放的になっています。児童自立支援施設が開放的なのは戦後民主主義の影響などではなく、留岡が確立したことです。

この留岡と渋沢との関係も、渋沢から求めて始まりました。留岡が『慈善問題』という本を出したところ、渋沢のほうから会ってみたいという話がありました。会ったところ、「私はこの東京に金を儲ける友達は降るほど持っているが、儲けたお金を貧乏人のために使おうじゃないかと言って、相談相手になってくれる者は一人もいない。お互い喧嘩せずに仲良くしようじゃないか」と語りました。

以後、留岡と渋沢の関係が続きます。留岡が東京養育院を訪問したことも何度かあります。渋沢宅を訪問したこともあります。

留岡は、家庭学校の運営以外にも、福祉関係のさまざまな役職なども務めました。そのために、公的な業務のなかで渋沢と会う機会も多くありました。

私的であれ公的であれ、会ったときに二人の間で何らかのやりとりがなされたことはまちがいありません。あるいは、公的な行事などで渋沢が発言し、それを留岡も聞いていました。こうしたかかわりを繰り返すなかで、お互いに福祉への考え方を深め合っていました。

本章では、福祉の歴史の中で高い評価を受け、よく知られている団体や施設に限って紹介しました。ここに書いた施設だけでなく、他にも多くの施設や団体に関与したり寄付などの支援を重ねました。

ただ、頼まれればどこにでもお金を出してくれる、打ち出の小槌のような存在ではありません。渋沢が援助した団体・施設は、現在でも高い評価を得ているところです。渋沢なりに吟味して、真に支えるべき場合に限って対応したのではないでしょうか。

こうして渋沢が陰で福祉を支えたことで、厳しい時代を乗り越えて福祉が発展していくのです。

第4章

福祉の危機を救う

日本の福祉は、順調に発展したわけではありません。むしろ、たびたび深刻な危機に直面しました。もしその危機を乗り越えられなかったら、福祉の発展は今よりもずっと遅れたかもしれません。

こうした危機が自分の面前であったときどうするのか。楽なのは、他人の責任にして、自分は危機に向き合わないことです。私も含めて、たいていの人はこの道を選択します。人は、平穏なときにはそれなりに合理的に動くことができても、危機を前にすると冷静さを失い、適切な行動ができなくなるのではないでしょうか。対応しきれなくて、逃げ出す人もいるでしょう。

もう一つの選択肢は、自分の責任だと考えて、あえて危機に立ち向かっていくことです。危機を克服できれば称賛されますが、失敗したら非難を受けます。世の人々は、自分は危機から逃げておいて、逃げなかった人を非難するのです。危機に立ち向かうのは、リスクが高く、あまり「賢い」選択ではありません。しかし渋沢栄一は、こちらを選びました。

立場上、危機に無関係でいられなかったこともあります。しかし本来なら責任を負うべき立場ではないのに、あえて立ち向かったことさえあります。火中の栗を拾うということです。

渋沢は厳しい状況を切り抜けて、施設や法律の危機を救いました。もし危機を克服できなければ、日本の福祉の発展は大きく遅れたかもしれません。

東京養育院を守る

養育院廃止の動き

まず、東京養育院について、閉鎖の危機から守ったことから触れていきます。簡略な動きはすでに第1章で述べました。一八七二年に創設された養育院は、府立に移管されて厳しいながらも安定したかに見えました。

ところが一八八一（明治十四）年頃から、養育院を公費で運営していることへの批判的な意見が出ていました。そして一八八二（明治一五）年には、府の議会に廃止案が登場しました。

廃止を唱えた人たちの理由は、①公的な施設で貧困者を養育していると怠け者をつくる、②貧困者は年々増えているのに東京府の費用で救済していると財政がもたない、③イギリスでも貧困者救済は怠け者を増やすという議論がある、というものです。廃止論が勢力を増していきました。

渋沢は、廃止すれば後で後悔することになると述べて、廃止の動きに真っ向から反対しました。

渋沢は、①一国の首都にこの程度の施設を置いて貧困者を救助することは必要、②ヨーロッパにも類似の施設がある、③現に路頭に迷っている貧困者がいるのであり、これを救助しなければ死んでしまうではないか、④困窮している人の救済は人道であり、人道を顧みないのでは暴政である、という主張をして廃止に反対していきます。

渋沢も、濫りに救済することは怠け者をつくるという考えを是認しています。渋沢にも、当時の支配的な思想のなかでの限界はありました。

「公的な救済は怠け者をつくる」という論にきっぱりと対決しているわけではないので、廃止論への反論としては、議論がかみ合っていない印象はあります。

しかし、全体としてみれば、渋沢が現に困窮している人を見捨てない、という現実的で人道主義に根ざした発想をしていることは明らかです。

現実を考えても、当時は松方デフレという、政策に発した不況によって貧困がより深刻になっていました。もし本当に養育院を廃止したら、大変な事態になっていたでしょう。

渋沢には府会議員への人脈もありましたので、個々の議員への働きかけを行いました。それで、廃止の決定を何とか遅らせていきます。

しかし渋沢の力にも限界はあります。一八八三年になると一八八四年以降は新たな入所は認めず、一八八五年六月限りで養育院への地方税支弁が廃止されることになります。

「公的な救済は怠け者をつくる」との論は、国政でも勢いをもっていました。政府は第一回帝国議会に窮民救助法案という、今の生活保護法のような法律を提案しますが、成立しませんでした。以後、たびたび新たな貧困者救済の法案が提案されたり検討されたりしますが実現しません。それくらい、公的救済＝怠け者、という論は広がっていたのです。

委任経営時代に

本来は一八八四（明治十七）年に廃止するということで検討されていました。放っておけば、このまま東京養育院は廃止され、今頃は「明治初期に東京養育院と称する施設が一時的にあって、渋沢が関与していた」というだけになって、歴史的意義はさほど大きなものではなかったでしょう。

養育院存続へ向けての渋沢の奮闘もあって、養育院は廃止はされず、蓄積金の利子で運営されることになります。一一月には養育院規程の改正が行われて、府知事が管轄しつつ、実際の運営は委員を選任して委員に委託することとなりました。

この時期の養育院については「委任経営時代」と呼ばれています。一八九〇年一月に東京市に移管する四年余りの期間です。この委員に渋沢が入り、かつ院長も継続しましたので、渋沢が引き続き責任者として担っていきました。

渋沢自身は、この時期について「私人の設立」「私立の養育院」といった表現をしています。ここでいう「私人」とは公立でなく民間、というような意味であって、渋沢の個人経営になったという意味ではないと思われます。

とはいえ、財政的にも経営責任においても、渋沢の責任が一段と重くなったのは明らかです。規模を縮小せざるをえず、場所も神田和泉町の土地建物を売却して、本所長岡町に移転しました。

財源が少しはあったとはいえ、とうてい足りるものではありません。渋沢は私財も投入しますが、それでもなお不足します。

そこで、著名な女性をはじめとした名士を中心にして婦人慈善会を組織します。慈善会の収益を用いて養育院の維持を行いました。

渋沢はこの時期、暇を持て余していたわけではありません。まったく逆で、本業の会社経営で超多忙だったはずです。渋沢の影響下で共同運輸会社が設立されて海運をめぐる熾烈な争いがなされていたのが、養育院廃止論で揺れた時代と重なります。委任経営になったのを口実に養育院から手をひいたとしても、誰も「逃げた」とか「無責任」とかと非難したりはしなかったでしょう。

さすがの渋沢も「足掛け六、七年の間の私や同志の苦労は、自分から言うのははばかられるが、並大抵のものではなかった」と回顧しています。

市営化に

ちょうど一八八九（明治二二）年に、市制が施行されます。東京でも「東京市」ができることになりました。東京市は戦時下に東京府と合併して東京都になって今にいたっていますが、戦前の大部分の期間は「東京市」が存在していました。

養育院をこのまま私立のような形で経営していると、将来性がありません。東京府と東京市は別の行政機関ですので、東京市が経営を引き受ける判断をすることは、先の東京府の決定と矛盾することにはなりません。

しかも、市制に関する法律を読むと、市に事業を寄付することによって市が管理することができるようになっていました。渋沢たちは、そこに着目しました。養育院の資産を市に提供して、市営事業とすることを申し出ます。

この申し出が受け入れられて、一八九〇（明治二三）年一月から、市営に移管されることになります。正式な名称は「東京市養育院」となります。

市制施行があって、運が良かったという面もあるかもしれませんが、しかし大前提としてそれまで厳しい条件下で養育院を維持してきたという努力があります。

市営になったからといって、何もかも楽になったわけではありません。予算がたくさんつくわけではなく、何か新しい事業を起そうとすれば、市に訴えて予算を獲得しなければなりませんでした。

しかし、仮に市営移管がなければ、第1章で説明したような、養育院の多様な事業は容易には実現しなかったと思われます。

もし、渋沢の奮闘が無かったらどうなっていたでしょうか。府が手放した時点で廃止になったか、しばらくは私立でやっていても、そのうちに経営が行き詰って閉鎖に追い込まれただろうと思います。

養育院があえなく廃止になっていたら日本の福祉がどうなっていたのか、考えてみると恐ろしい気がします。

まず、「公的救済は怠け者をつくる」との論が勝利したことになり、しばらくはこの論で政治や行政は動くことになります。

現に存在する東京の貧困な人たちは、放置されることにもなってしまいます。この人たちの命や生活はどうなったでしょうか。貧困者は放置していいんだ、ということにでもなれば、福祉や人権全体の水準も低いままで据え置かれたでしょう。

明治期にも、不十分ではありますが、福祉の法律が制定されていきます。一九〇〇年には感化法という、非行児童の施設について規定した法律ができます。

この法律は、各県に感化院を設置するというものですので、公的な福祉を前提としています。公的な福祉が否定されたままであったら、こういう法律の制定も遅れたのではないでしょうか。

さらに、日本中のさまざまな施設が生まれるのも、遅くなったかもしれません。岡山孤児院の創設は一八八七年ですので、養育院が委任経営から市営に移管されたのとほぼ同じ頃です。

もし養育院が倒れていたら、施設を立ち上げようと構想した全国の人たちはどのように受け止めるでしょうか。

「あの養育院さえ続かなかったのだから、自分が構想している施設が継続できるはずがない」と判断するのではないでしょうか。そうなれば、日本の福祉の歩みはずっと遅くなったはずです。

渋沢は単に東京養育院という一つの施設を救っただけでなく、日本の福祉全体を守ったともいえるのです。

障害児施設の再建を助ける

●障害児の先駆的施設滝乃川学園

日本の民間福祉施設史上最大の危機といっても過言でないのは、知的障害児の施設、滝乃川学園の火災です。滝乃川学園は、知的障害児の先駆的な施設です。

創設者は石井亮一です。石井は立教女学校の教頭でしたが、濃尾大地震の際に、被災した女児を救済します。女児が身売りされる危険が高いことからとった処置でした。

救済した女児の生活の場として、東京に孤女学院と称する施設を設立しました。養育だけでなく、教育も熱心に行い大きな効果をあげます。

しかし、一人だけ、教育効果が乏しい子どもがいました。なぜ、その子どもだけ教育効果が薄いのか、石井は悩むのですが、学習を怠けているからではなく、障害があるためであることに気づきました。

石井は、アメリカに留学して知的障害の教育について学び、文献や教材を日本に持ち帰って滝乃川学園を創設しました。

その後、石井と結婚して学園を支えるのが石井筆子です。筆子は現在の長崎県大村市の出身です。華族女学校の教員を務めるなど、華々しい経歴をもっていました。結婚し、女子を出産しますが、障害児だったことで人生が大きく変わっていきます。

子どもを滝乃川学園に預けたことで、亮一と知り合います。夫が死去したこともあって、亮一と結婚して学園を支えていきました。上流階級に属していた筆子でしたが、亮一との結婚後は、経済的に厳しい生活をしていくことになります。

私が福祉を学び始めた一九八〇年代には、亮一の業績ばかりが強調されて、筆子は亮一の妻という程度の位置付けでした。しかしその後、津曲裕次氏らの研究によって、筆子の学園運営への貢献が非常に大きかったことが明らかになっています。

石井夫妻の尽力により、滝乃川学園は知的障害児の先駆的な施設として、わが国の障害児教育・福祉を大きく前進させていきます。

火災の発生

着実に発展していたかに見えた滝乃川学園ですが、深刻な危機に見舞われます。それは突然の火災でした。一九二〇年三月二四日、滝乃川学園男子寄宿舎で火災が発生しました。筆子は入所者を救出しようとして負傷します。火災は他の建物にも広がって図書室なども焼失しました。

現在の福祉施設は鉄筋で造られ、スプリンクラーなどの消火設備も整備されています。ですから、近年は施設の大規模火災はほとんど無くなりました。

しかしかつての施設は、木造でした。そこに多数の人が生活しています。しかも、何らか判断力や行動力に限界のある人たちが多くいます。消火設備も今と比べれば乏しいものでした。

これでは、火災が発生しないほうが不思議なくらいです。事実しばしば発生し、多くの犠牲がありました。明治初期に創設された児童施設の浦上養育院は火災を経験しています。一九五五（昭和三〇）年二月の聖母の園養老院火災では百人近い高齢者が亡くなりました。

私が大学院を修了して特別養護老人ホームに就職した一九八七年に、東京都の特別養護老人ホームで火災があり、一七人死亡しました。この火災を受けて、施設のスプリンクラー設置が義務付けられました。私が勤務していたホームでもスプリンクラー工事が急きょ行われました。一ヶ月近い工事期間中、ホーム内ではコンクリートに穴を開ける音が響いて、しばらくは帰宅しても何か音が聞こえるような気がしたものです。

その後、施設での火災は減ったように思います。ただ、二十一世紀に入っても、小規模な無認可施設とか、高齢者のグループホームなどでは、死者の発生する火災が何度か起きています。

こうした施設における火災の歴史を見てみると、滝乃川学園の火災は、確かに痛恨事ではありますます。しかし、施設を責めるべき不祥事ではありません。どうしてもどこかで起きてしまう施設の火災が、たまたま滝乃川学園で起きたと考えるべきでしょう。

しかも火災への備えが無策であったわけではありません。非常口を複数設置しておいたり、非常用の梯子を用意しておいたりしていました。職員による定期的な見回りも実施していました。

大規模な事故というのはたいてい、いくつもの不運が重なって起きるもので、その不運の一つでもなかったら、避けられたものです。この火災もそういう面があります。直接の原因は入所者たちがたまたま建物の工事中で、いつもと勝手が違う状況になっていました。直接の原因は入所者の火遊びですが、火遊びが可能であったのは工事関係者がマッチを現場に残して、それを入所者が見つけたからでした。また、その日に限って、石井夫妻の体調がよくなかったようです。職員が火災に気づいたとき、消火を重視したため、避難誘導が後回しになってしまいました。こうした不運のどれか一つでもなかったら、火災自体が発生しないか、したとしても小規模ですんだかもしれません。

被害は甚大でした。何といっても入所者六名が死亡しました。当時、約四〇名が入所していましたので、比率からすれば、非常に大きなものです。

さらにそれまで亮一が収集してきた障害児教育のための文献、資料、器具などの貴重なものも焼失してしまいます。

当然ながら、石井夫妻はきわめて大きな衝撃を受けます。こうした事態のなか、石井夫妻は、責任を強く感じ、学園の廃止を決意します。

火災からの再建

しかし、火災が報道されると、手紙や寄付金が寄せられるなど、学園の存続を願う動きが起きます。たとえば、皇后が使者を遣わして、中止することがないよう要請します。

そこで、学園を再開させることとなりました。しかし、支援が集まったといっても、それだけで簡単に安定した経営ができるわけではありません。

たまたま滝乃川学園では火災の少し前から、財団法人を設立する準備をしていました。

現在では、入所型の社会福祉施設を設立するには、社会福祉法という法律によって原則として社会福祉法人でなければなりませんので、当然に社会福祉法人として運営していきます。

しかし、戦前は社会福祉法人という制度はありません。かなり多くの施設は個人経営で行われていました。しかしそれでは前近代的な経営になりがちですので、組織的な経営を目指した施設では法人化しました。その場合、財団法人を設立していました。

苦労して法人の認可を受けるのですが、初代理事長は三回目の理事会でさっそく辞任します。二代目の理事長はなかなか決まらず、半年以上たってようやく決まりましたが、この人はすぐに辞任して、次の理事長として推薦されたのが渋沢でした。

渋沢について、「初代理事長」という記述が見られますが誤りです。渋沢の貢献が大きいので、初代と誤解されてきたようです。

●渋沢の尽力

渋沢の理事長就任時の課題は、火災からの再建だけではありませんでした。さらなる学園の拡張が計画されていました。また火災以前からの財政難も深刻でした。東京府代用児童研究所という機関を設置する問題など、課題は山積していました。

しばしば、著名人が学校法人や社会福祉法人などの理事長になっていることがありますが、たいていは名誉職的なもので、労苦を背負ってやっているわけではありません。

渋沢の理事長就任はそういうものではなく、学園が抱える課題の解決が期待されたものでした。渋沢はそれをあらかじめわかっていたはずですが、あえて引き受けたのです。

「石井さんの事業だけは、経営の労を省いて教育に専心させてあげたい」と言っていたそうですから、かなりの思い入れがあって、理事長を務めたのです。「経営の労」を渋沢が背負ったわけです。渋沢は死去するまで、一〇年以上にわたって理事長を続けました。

理事長としての渋沢の名で、寄付募集の依頼状が出されています。そこでは、知的障害児の養護や医療の大切さが説かれています。渋沢の名でこうした文書が出されることで、知的障害児の福祉に無関心だった人が、いくらかでも知的障害児福祉の存在と必要性を知る効果があったことも考えられます。

渋沢のもとで滝乃川学園は、なおも財政をはじめ困難がありながら、再び発展していくことになります。滝乃川学園は現在は国立市にありますが、この場所への移転も果たして行きます。

渋沢の死後のことですが、亮一は日本精神薄弱者愛護協会、現在の日本知的障害者福祉協会を設立します。全国の八つの同様の施設を組織化して、知的障害者の人権を擁護していく取り組みを進めるのです。これが発展して、知的障害者の社会参加を支える貴重な団体になっていきます。

もし渋沢が滝乃川学園への協力をしなかったら、どうなったのでしょうか。とりあえず再建した学園が、また危機に陥って立ち行かなくなったかもしれません。

知的障害児施設の先駆として、他の同様の施設のお手本でもあった滝乃川学園が消滅するようなことにでもなれば、知的障害児福祉のみならず、福祉全体への影響が著しく大きかったと思われます。

あるいは、何とか四苦八苦しつつ続けたとしても、自分の施設運営もまともにできないようでは、日本精神薄弱者愛護協会の設立もできたかどうかわかりません。そうなれば、各施設はいつまでもばらばらに動くだけで、組織的に障害児福祉を推進することはできません。日本の障害者福祉の発展も大きく遅れたのではないでしょうか。

渋沢が滝乃川学園を支えたことで、日本の障害者福祉、ひいては福祉全体の発展がありえたのです。

救護法を実施させる

ようやく制定された救護法

渋沢が晩年に動いたのは、救護法という、今の生活保護法の前身にあたる法律の実施です。日本では明治のはじめに、貧困者の救済を目的とした恤救規則という法律が制定されます。近代社会に向けてスタートしたばかりの時期ですのでやむをえないとはいえ、この恤救規則には、いくつもの限界がありました。

貧困者であれば誰でも救済されたのではなく、独身者であり、かつ高齢者、児童、障害者、病者だけが対象でした。さらにもっと大きな限界は、貧困者の救済は国民の助け合いが原則だと明記され、行政が積極的に手を差し伸べるものではなかったことです。

困窮した人がいた場合、まずは誰か周辺の人が個人的に助ける。どうしても助ける人が見当たらないとき、しぶしぶ行政が助ける、ということです。

恤救規則は、今の目から見て不十分なだけでなく、当時から問題視されていました。そのため、何度か改正の話が政府内で出てきますが、結局は立ち消えになりました。こうして昭和になってもなお、恤救規則のままだったのです。

さすがに昭和に入ると、「このままではあまりに不十分だ」ということで改正の議論が盛んになってきて、救護法という名で具体化してきます。ですが順調に進みません。ようやく実現したのは、政治的なかけひきの結果でした。

当時の政治は、政友会と民政党の二大政党の時代です。一九二八年の総選挙ではどちらも過半数が取れず、しかも与党政友会と野党民政党は一議席差でした。そのため、キャスティングボードを握ったのが、武藤山治が率いるミニ政党の実業同志会でした。武藤山治は、鐘淵紡績、後のカネボウの社長です。

政友会は政権をとるために実業同志会と協定を結びます。武藤は救護法を制定すべきとの強い考えがありました。両党の協定に生活困窮者の救済が含まれました。こうしてようやく一九二九年に救護法が成立したのです。

実施されず

これで、新時代の貧困者支援が実現したと思いきや、実施されなくなってしまいます。救護法が制定されたときは、政友会の田中義一政権でした。ところが田中政権は、張作霖爆破事件の処理ができずに、退陣してしまいます。

政友会政権が続けば、田中が退いたからといって、救護法に大きな影響はなかったでしょうが、政権政党まで代わって、民政党の浜口雄幸政権になります。

当時の政党政治は、政策論争で国民の支持を集めるよりも、党利党略による行動が目立っていました。それが国民の政党不信を招き、軍部の台頭を許すことになります。

とはいえ、独自の政策がなかったわけではありません。特に浜口政権には「金解禁」という大目標がありました。「金解禁」とは、金輸出を自由化して金本位制に復帰することです。そのためには、緊縮財政によるデフレ政策が不可欠でした。

救護法は国や市町村が貧困者にお金を出すという制度ですから、緊縮財政とは正反対です。そこで、救護法を実施しないことになってしまいました。

ちなみに「金解禁」は、一般論としては間違った政策ではありませんが、運悪く世界恐慌の時期と重なりました。日本経済に深刻な打撃を与えることになって、大失敗に終ります。

救護法が実施されないことに驚き、憤ったのは、方面委員と呼ばれる人たちです。方面委員というのは、現在の民生委員にあたります。

地域で委員を選任し、委員は地域で生活に困っている人の相談に応じたり、あらかじめ生活に困っている人を調べて、カードに記録したりしました。

そのため、貧困な人について「カード階級」という言葉も生まれました。あるいは、当時の貧困者には、出生届が適切に提出されておらず、その人の戸籍が無いといったことがしばしばあって、その対応にも尽力しました。

なかには、困っている人について、走り回って救済する人もいましたし、方面委員であることを超えて、自分で福祉団体や福祉施設を創設する人さえいました。

福祉の法制度が乏しい時代でしたが、その分、個々の委員は献身的に活動していました。しかし、いくら献身的といっても、やはり法制度がないと困ることがたくさんあります。

その一つが、貧困者の経済的支援です。困窮している人の生活費は、いくらなんでも方面委員が肩代わりできることではありません。方面委員は、特別なお金持ちがなるわけではないのです。むしろ、お金持ちでない普通の人がやることに意味があります。

貧困な人のお世話をしようにも、生活費のめんどうを見るには限界がありました。やっとここで、救護法ができたのです。それなのに、実施されないというのですから、たまったものではありません。

方面委員は日々の活動のなかで生活困窮者に接していますので、彼らの厳しい実態を熟知しています。さらに救護法が制定された一九二九年は、世界恐慌の勃発した年でもあります。恐慌の影響は日本にも及んできました。もともと貧困が広がっていたのに、恐慌によってさらに広がりと深まりを見せます。

渋沢が立ち上がる

救護法が実施されない状況の中、渋沢が会長を務める中央社会事業協会は、救護法の早急な実施を要求します。さらに方面委員を中心にして、救護法実施期成同盟会が結成されて、救護法実施促進運動が推進されました。

同盟会は、政府や国会議員への陳情を繰り返しました。たまたま浜口首相が東京駅で銃撃され負傷しましたので、お見舞いもします。考えられる、ありとあらゆる行動をしたのです。また、東京だけで動くのではなく、地方の方面委員もそれぞれ動き、全国的な運動になっていました。地方の委員は、上京するために時間的・経済的な負担があったはずですが、それを厭わなかったのです。こうした同盟会の積極的な活動が広がるにつれ、マスコミも同盟会側に立って報道したり論評したりしました。

しかし、政府の対応は冷淡なもので、動く気配はありません。政府内でも内務大臣の安達謙蔵は、実施したいという方向で動くのですが、大蔵大臣の井上準之助の態度がかたくなでした。金解禁のために蔵相になった、緊縮財政の中核が井上ですので、井上の態度は当然かもしれませんが。

こうしたなか、方面委員が頼りにしたのが渋沢でした。一九三〇年一一月八日に、方面委員たちは渋沢の別邸を訪問します。渋沢は病気で安静にしていたのですが、起きて面会します。渋沢も報道や、おそらくは関係者からの情報もあって、救護法実施促進運動の状況を熟知していたはずです。面談ではまず、方面委員の労苦について感謝の意を表明します。

そして方面委員たちは、運動の経過や現状を詳細に報告したうえ、大蔵大臣が面会を拒んでいる状況を説明し、ぜひ渋沢に行動してほしいと懇願します。

方面委員たちは、渋沢が高齢であることはもちろん、体調不良であることも知っていましたので、これまで渋沢に頼るようなことは避けていたのです。ある委員は「いま寝てなさるのだから、いまはだめだ、行かないほうがいい」と言っていました。しかし、もはやほかに方法はないので、大蔵大臣と面談してほしいと懇願しました。

運動の顛末をまとめた『救護法実施促進運動史』によれば、渋沢は目に涙を浮かべつつ次のように答えました。

「お話の趣旨はよくわかりました。しかしながらこの私にこういう大きな仕事ができますかどうか。私はこの頃健康を損ねて今は病床にあります。しかし救護法のためにご尽力しております全国の方面委員の方々の熱心な運動に対しましては、日頃より感謝いたしております。私も最後のご奉公として何事かできますことならできるだけお役に立ちたいと存じます。この私の如き老人にお頼みくださいまして、まことにありがたい。これをやるのが私に課せられた義務と考えます。救護法のために倒れるのは本望です」

そして、政府に自ら要請に行こうとします。渋沢は病気で静養していたので、執事や看護婦はびっくりして止めました。主治医に電話して確認したところ、主治医は渋沢宅に飛んで来て、外出に強く反対しました。

しかし渋沢は「全国二十万の人の助かるために働いて、それで私の身体に若しもの事があったってそれは私の本懐だ」と語ったそうです。

こうして安達内相や井上蔵相との面談にいたりました。渋沢は内相に涙を流して「救護法のことを頼みます、困っている人を生かしてやってください」と頼みました。蔵相には「私たちが一生懸命に働いてきて、日本の経済をこのようにしたのは、この時にこそ、皆さんに役立てていただきたいからであります」と、深々と頭を下げたのです。渋沢の最後のお願いです。

ついに実施される

さすがに、渋沢が要請したからといって、すぐに実施されたわけではありません。結局、同盟会は、方面委員一一一六名により、一九三一年二月一六日に、天皇への上奏請願を決行することになります。上奏は、天皇に直接訴えることを意味し、本来はやるべきではないのですが、あえて禁じ手を使ったのです。

上奏を前にした一三日に、首相、蔵相らと面会して政府に最後の回答を求めます。この日、渋沢による昼食の饗応が出発前になされました。このことから上奏について、渋沢が賛同していたことは明らかです。

方面委員の捨て身の行動は、政府を追い詰めることになります。救護法は、ついに実施されることとなりました。

もし救護法実施促進運動が成功せずに、いたずらに時間が経過していたらどうなったでしょうか。やがて戦時下になります。戦争している一方で、貧困者救済を飛躍的に高めるとは考えられません。

したがって、救護法が実施されずに、恤救規則という明治の初めにできた制度のまま戦後を迎え、そこから福祉政策が立案されることになります。

戦後、スムーズに生活保護法を実施できたのは、ある程度の水準の法律が戦前にあったからです。もし救護法が未実施のままであれば、戦後日本の福祉のスタートラインが後ろになって、戦後の福祉の歩みも違ったものになってしまったと思われます。

救護法が実施にいたったのは、渋沢一人のおかげではありません。運動に参加した方面委員一人ひとりの熱意が実ったのです。しかし渋沢の行動が方面委員を勇気付け、その熱意をより高めたのも確かではないでしょうか。

しかも、渋沢は高齢でかつ病気でもありました。その行動は文字通り、命がけだったのです。社会福祉研究者の一番ヶ瀬康子氏は、「帰ったその後、高熱のためにまた床について、結果的にそれが原因で渋沢は亡くなることになります」と述べています。

私は、ある渋沢栄一研究者から、「渋沢の要請と死去との間にはかなりの時間があり、一番ヶ瀬説は、福祉関係者にありがちな情緒的な発想ではないか」という趣旨の指摘を受けたことがあります。

事実関係としては、内相・蔵相面会から死去まで約一年ありますので、指摘のとおりという気がします。

渋沢は当時としてはかなりの高齢でしたから、政府に出向かなくても死去したでしょう。歴史研究のルールからすれば、一番ヶ瀬氏の発言は、実証無く情緒的に決めつめたルール違反との批判は免れません。

ですが、渋沢が自己の健康や延命よりも、救護法の実施のほうを優先して行動したのは確かです。

そもそも考えてみてほしいのですが、今の経営者の誰かが、生活保護法や「子どもの貧困対策法」の改善を求めて、死をもいとわずに犠牲的精神で動くでしょうか。

経団連の元会長が、病気の中で福祉法制の実施を求めて尽力するなど、およそ想像できない風景です。私がアイドルとして紅白歌合戦に出場するほうが、よほど可能性が高いように思います。

財界から提言されるのは、生活に苦しむ人をさらに痛めつけるおぞましい新自由主義的な政策ばかりです。今の経営者たちには、渋沢の行動から百分の一でいいから学んで継承し、模倣することを望みます。

救護法の実施が、一九三一年三月に決定しました。渋沢はこの決定を知ることはできました。しかし、実施は一九三二年一月です。渋沢の死去は三一年年一一月ですので、実施を見届けることなく、この世を去ったのです。

救護法実施の成果

救護法の意義は、貧困者救済だけではありません。救護法では、貧困者が主に入所する施設、たとえば孤児救済の施設や、養老院と称する施設、こうした施設を救護施設として認可して、入所者に対応して委託費が支払われることになっていました。

このことで、それまで経営難で苦しんでいた施設は経営が以前と比べれば安定することになります。戦後の福祉施設は公的な資金で経営が安定しますが、その先駆的な動きです。救護法の実施は、多くの施設の経営にとってプラスになっていきました。

東京養育院にも変化をもたらします。渋沢の死後のことになりますが、養育院の入所要件が緩和されます。その結果、より多くの人が養育院に入所することになりました。

救護法実施への運動は、福祉にとってのさらなる成果を生みます。それは、全日本方面委員連盟の結成です。救護法実施期成同盟会は目的を達成しましたので解散することになりますが、せっかく全国の方面委員の協力関係ができたので、全国組織に発展させようということになったのです。方面委員は、もともとは岡山県や大阪府で発祥した地方独自の制度でしたので、まだ全国組織がなかったのです。

この連盟の会長に推されたのが、渋沢でした。方面委員たちに渋沢が慕われたことが示されています。副会長が、大久保利武と林市蔵です。

大久保は福祉行政の発展に貢献した人で、林は大阪府知事時代に方面委員制度を創設した人です。功績者ではあるのですが、二人とも内務官僚です。ここでも渋沢が民間人として、連盟を支えることを期待されました。

連盟の結成式が一九三二年三月二六日に行われます。残念ながらすでに渋沢は死去していますので、実際に連盟の運営に寄与することはありませんでした。

こうして渋沢は福祉への関与が始まった明治初期から死去の直前まで、繰り返される福祉の危機に対処して、日本の福祉の崩壊を防いだのです。

第5章

福祉の姿を語る

渋沢栄一には多数の著作があります。なかには文庫になって今でも容易に入手できるものもいくつかあります。あるいは、エッセンスだけ取り上げて、簡便に渋沢のさまざまな著作に広く触れることのできる便利な本もあります。

ただし、福祉についてのまとまった本はありません。けれども渋沢は福祉の考え方について語る機会は数多くありました。それらを集大成すれば、福祉についてかなり詳細に論じていたことがわかります。

渋沢の福祉思想については、すでに大谷まこと『渋沢栄一の福祉思想』（ミネルヴァ書房）という本が出ています。この本の第四章で「渋沢栄一の福祉思想」として論じられています。あるいは姜克實『近代日本の社会事業思想』（ミネルヴァ書房）の第一章は「治国平天下─渋沢栄一の慈善思想」です。詳細はそこに譲ります。

本来なら、渋沢の著作を出来る限り広く深く読み解いて、渋沢の思想全体を把握したうえで、渋沢が福祉をどう考えていたのかを分析すべきでしょう。

また、渋沢がいつ、どのようにしてそうした思想を持つようになったのか。青年期の経験とか、パリ万国博覧会での見聞とか、渋沢の思想に影響を与えたと思われる出来事についての検討も必要です。

しかし私にはそこまでの能力はありません。渋沢が福祉について直接的に述べた論考を中心にして、いくつかの論点に絞って確認していくことにします。

渋沢が福祉について語る雑誌がありました。『東京市養育院月報』（『九恵』と誌名を変えた時期がありますが、ここではその時期についても『東京市養育院月報』とします）と『慈善』あるいはその後継雑誌である『社会と救済』『社会事業』です。

前者は、渋沢が院長として「論説」の欄にたびたび登場しています。後者は渋沢が会長をしていた中央慈善協会の機関誌です。いずれも寄稿ではなく、演説や講演などの記録を掲載したものが目立ちます。

当然、福祉をテーマにしたものが多くあります。また、いずれも当時の福祉関係者が熟読していたはずですから、福祉関係者に影響を与えたはずです。もとになった演説や講演は、スピーチライターのような人がいて、その人がある程度まとめたのかもしれません。しかし、それは渋沢の意向を十分把握してまとめたはずですし、最後は渋沢自身が自分の責任として語っているのですから、渋沢の考え方を直接反映していると判断すべきでしょう。

なお、この章では、原典から引用している箇所が多数あります。そこには、現在の常識からすれば差別的に読める用語などが含まれますが、渋沢の思想を正確に把握するために引用したものであって、差別的な意図はありません。当時は普通に使われていた用語ですので、渋沢に差別的発想があったかどうかは、渋沢の発言全体から慎重に判断すべきものです。

福祉を創る

なぜ福祉が必要か

そもそも、世間の大部分の人が福祉の必要性を理解せず、無関心であった時代に、渋沢はなぜ福祉に関心を持ち、大切であると考えたのでしょうか。

渋沢は福祉に関与するようになった動機について「私が社会事業に入ったのは偶然の事からでありまして、決して高い理想や考えをもって始めたわけではないので、真にお恥ずかしいことでございます」と謙遜しています。

東京養育院の院長になったきっかけ自体はそうだった面もありますが、以後は「理想や考え」をしっかりもっていきます。

「救済事業に関する卑見」と題して渋沢が銀行倶楽部で行った演説が、一九一〇(明治四三)

年四月の『東京市養育院月報』一一〇号に載っています。

渋沢はまず恤救規則について、救済実績の少なさを挙げています。貧困者が増えた要因として、機械工業の発達、都会人口の膨張、物価の騰貴を指摘しました。つまり、貧困者が増加しているのは、制度の不十分さと社会の変化が要因であると認識しているのです。

そして「公私の救済事業を不備なままに放任して顧みる所なきは、果たして当を得たる措置や否や」と、福祉政策の不備があるために、福祉による支援を必要とする人が放置されている実態を厳しく批判しています。

福祉が必要な理由を三つ挙げています。一つは「政治上の理由」です。国家の役割として、貧困者や病者の救済があると主張します。職業紹介制度、失業保険制度、病気や働けない人の保険制度、貯蓄奨励制度、小農保護の制度、孤児保護の制度を検討すべきであると言っています。

二つは「経済上の理由」です。福祉を推進したほうが、生産的労働力が増加し、一方で、警察・裁判・刑務所に要する費用を少なくしたり、国富の増進を促すと主張しています。

三つは「人道上の理由」です。生存競争に負けた者がいるときに看過するようでは社会は壊れてしまうと言います。人道がなければ、社会は対立的なものになるのです。

こうして渋沢は、論理的によく整理して福祉の必要性を訴えました。

国がある程度福祉政策をとり始めるのは、一九二〇年頃です。内務省に社会局という部署が置かれたり、現在の民生委員制度にあたる方面委員制度が広がっていったりする時期です。国が福祉を積極に担うべきだという意識がまだ根付いていない時期に、渋沢はすでに具体的な制度を示して拡充を促していたのです。

また、福祉にお金を使うのが、あたかも浪費であるかのような発想をきっぱり否定しています。まったく逆で、福祉への支出は経済を利すると述べています。

今でも、福祉への公的な支出が財政を圧迫しているかのような議論があります。しかし実際は逆です。福祉にお金を使うことは、公共事業などに比べても、経済にとっても有利であることが明らかになっています。

渋沢というと、工場法に当初は反対した、社会政策を邪魔する反福祉主義者であるようなイメージが流布してきました。実際は、福祉政策の先駆的推進者なのです。

福祉の将来

「慈善事業の今昔」という論説が、『東京市養育院月報』一一五号（一九一〇年九月）に掲載されています。名古屋市で行われた感化救済事業大会講演会での講演録です。「今昔」というように、「昔」と「今」を語っていますが、同時に将来も語っています。まず「計画するところがなければならぬ」と述べています。「かくあるところに到着したいという見込みがなければなるまい」というのです。

これは、「慈善」と称された当時の福祉の姿からすれば、ずいぶんと違った着想です。「慈善」というのは、孤児のような放置できない人がいて、とにかく後先のことを考えずに対応するという性格をもっています。

それはそれで、当時の状況を考えると大切ではあります。しかし、無計画に突っ走るということにもなります。明治時代にたくさんの福祉活動が始まりました。現在まで残っているものもありますが、消えていったものも少なくありません。

消えた理由が、ニーズがなくなった、たとえばその地域で救済を必要とする孤児がいなくなったというのであれば、むしろ喜ばしいのですが、無計画であるがゆえに続かなかったという面もあります。

当時の感覚は、とにかく無計画で突っ走るというものだったと思いますが、今後は計画や見通しが求められるというのです。

また、渋沢は自身の経営者としての経験も踏まえて、福祉の将来を見据えます。

明治の初めから十五年頃までは、「商工業者を疎んじ、かつ蔑視したものです」ということで、商工業者が何か劣った存在であるかのような風潮がありました。学問をした者は、学界か政界を目指していて、実業界を真っ先に目指す者はいませんでした。

そのため世間全体も、実業界を尊重していなかったというのです。これは渋沢自身がその現場にずっといたのですから、伝聞や思い込みではなく、自身の実感であったのでしょう。

しかし、実業界に有力者が次々と現れました。明治当初は実業教育というものも軽んじられていて、学校もわずかでした。その学校を出た人も、実業界には行かずに、役人や教師になっていきました。

今では「実業を軽視するなどということは全くないようになった」というのです。

この講演を行った頃は、福祉への世間の関心はあまりなく、慈善に取り組む人は何か変わったことをしているようなイメージでした。しかし渋沢は、必要な事業である以上、いずれ「一般人の人情をして、なるほどこれは早く慈善に対する相当な方法を講じなければならぬ」ということになるであろうと言っています。

渋沢のこの予想は当たったといってよいでしょう。福祉はこの時期には「感化救済事業」と称されていました。「感化」は非行児童の更生、「救済」は貧困者の救済です。狭い範囲で福祉が考えられていました。そのうえ、駄目な人を助けるという雰囲気です。

しかも、恤救規則という、かろうじて存在した公的救済について、国は適用を大幅に削減するという方針で対応していました。「福祉冬の時代」といってもいい状況だったのです。

短期的にしか物事を考えられない人は、福祉について未来への希望を持ちにくかった時代でした。しかし渋沢は、福祉の必要性はすぐに認識されると見抜いていたのです。

事実もそうなります。一九二〇年頃になると、前述のように内務省に社会局が設置されるなど、国がみずから福祉のために動くようになります。

地方行政も同様に、県に社会課や社会事業協会が設けられます。また、民間による福祉活動も飛躍的に広がっていきます。渋沢の予測通りになりました。

さらに渋沢は「調査を精密にして、これが適当と思うようなことを社会に向って発表してみたい」と述べます。社会調査に基づいて、世論喚起をするというのです。これは現在にいたるまで、福祉を推進していく基本的な手法です。場当たり的な思いつきで福祉を行うのではなく、事実に基づいて対応しようということです。

福祉を実践する人は、使命感や情熱があるのはいいのですが、客観性や科学性を欠く面があります。渋沢は経営者でした。経営はデータを積み上げて、社会の変動を把握しつつ機敏にやらないと失敗します。渋沢の経営者としての感覚が生きていることを感じます。

こうして渋沢は、福祉の将来性に確信を持ちつつ、新しい時代にふさわしい福祉のあり方を提示したのです。

貧困を考える

貧困について

渋沢の時代の福祉は、貧困者の救済や、捨て子のような貧困に起因する問題の解決が中心でした。ですから、貧困をどう捉えるのかが福祉の前提でした。

渋沢は貧困者の救済に従事していましたので、貧困に関することを語ることがよくありました。一九一五（大正四）年七月の『慈善』七編一号に掲載された「感化事業に就いての所感」で、貧困についても触れています。

貧困の実態について、こう述べています。「世の進むほど貧困な者が少なくなるべきはずである。貧とか困とか云ふものを段々薄らかしむべきはずである。しかし反対に富めば富むほど貧困な者の多くなるということが、これがいわゆる娑婆世界の現象といわねばならぬのであります」。

経済が発展して社会全体の富が増すと、理屈のうえでは貧困は減るはずなのに、実際には増えていることを的確に述べています。

どうして経済の発展は貧困者を増やすことになるのか。「事業が追々機械的になれば機械工業が盛んになるために従来このことに従事しておった労働者多数の者は、ついに職を失い産を失う者ができる。交通機関の変化からもまたその通り最初カゴをかついだ者が人力車のために失職する。今度は人力車が電気鉄道になったためにまた変化を生ずる」というように、社会的な状況の変化が失業者を生み出すことを指摘します。

このあたりの発言では渋沢が、貧困が社会の変化のなかで必然的で避けられない事実を正確に把握していたことをうかがわせます。

ただ渋沢は、貧困の原因はそういう社会的な原因だけではないと言っています。東京に来れば裕福になれると期待して東京に来たけれども実際には仕事もなく、さらに自暴自棄になって蓄えまで消費する、というケースを出して「労働の関係から生ずる困難ではなくして、ある事業の変化とか、その精神、希望の働きによって業を失い産を破り、はなはだしきは貧困、困苦に陥るという一例で種類も多数ある」というのです。

渋沢の理解では、貧困には二種類あって、生産手段の変化によって避けられない貧困と、個人の不適切な判断や行動から起きる、個人責任に類する貧困があるということです。

渋沢は、個人責任による貧困があるからといって、救済を否定はしません。すでに紹介しましたように、人道上や政治上の理由での救済を主張します。

ただ、「困窮であるから人が助けてくれるだろう、助けを受けるのが当然権利であるかのごとき有様になったならば、これは大なる間違いで、もし国家公業がさような風習になると、すなわち極端に走りたる社会主義者のようになる」とも言いました。

救貧制度の歴史は、権利性の獲得の歴史です。日本の公的救貧制度の変遷を見ると、恩恵（恤救規則）→行政に救済の義務はあるが権利ではない（救護法）→権利ではあるが例外がある（戦後すぐに制定された旧生活保護法）→権利（今の生活保護法）と変化していきます。

江戸時代生まれの渋沢に、今の生活保護法と同じ感性をもてといっても無理な話で、やむをえなかったのかもしれませんが、貧困への捉え方は、救済の権利性の否定という点では、近代初期の理解にとどまっていた面がありました。

それが、後述する、低い処遇を是認する発想にもなるのです。

防貧の提言

東京養育院の事業は、すでに貧困に陥った人の救済です。「慈善救済事業に就て」『慈善』一編四号（一九一〇年四月）で、渋沢は自身は事後的な救済の事業に責任を負いつつも、「貧民を救助するという極度に至る前にその貧困に陥るを防ぐということがはなはだ肝要と思う」と述べて、貧困の防止の重要性を強調しました。

もっともそれだけなら、渋沢がこの発言をした頃の流行のようなもので、オリジナルな意見ではありません。

渋沢は「防貧というに至るとよほどむずかしい。ただ救うというのとは話が違う」とも語っています。

貧困を防ぐということ自体に反対だという人はいないでしょう。しかし実際には容易ではありません。現在でも「子どもの貧困」の深刻さが叫ばれて、「子どもの貧困対策法」が制定されながらも、なかなか効果が実感されないことからも明らかです。

この頃、国は「救貧より防貧だ」と盛んに言っていました。そこで救貧を減らすのですが、本末転倒にもほどがあります。「救貧より防貧」というのであれば、まず防貧策を実施して、その成果として結果的に救貧制度の利用が減っていく、というのが順序です。

渋沢は自身が貧困者救済に責任をもっていましたので、倒錯した発想はありません。防貧策を具体的に提示しています。

第一は職業紹介事業です。当時は今のような情報ツールがないばかりか、ハローワークもありません。せっかく求人があっても、それを知らずに失業したままになってしまうという、現代風にいえばミスマッチが起きがちでした。

職業紹介事業によって、求人と求職を調整すれば、失業を減らすことが可能になります。ただ、養育院でも職業紹介を行ったところ、求人側が求める能力を求職者側がもっていないため、思い通りの効果があがっていないことも指摘しています。

そういう課題はあったでしょうが、職業紹介事業はやがて福祉の一分野として発展しました。

第二は託児所、つまり今の保育園です。託児所があることで、母親が安心して働けることを指摘しています。

渋沢が大正初めにすでに保育園の大切さを指摘していたことに注目してください。保育園は幼稚園と比べると、日陰の存在というとややオーバーですが、あまり歓迎されてこなかった感があります。

たとえば、幼稚園については一九二六年に幼稚園令という法律が制定されますが、戦前には保育園の法律はとうとう制定されませんでした。

幼稚園は幼児教育機関として重視される一方、保育園については、長時間の保育などが問題視され、なにか必要悪的な存在のように思われてきた面があったように感じます。

保育園が重視されるようになるのは、少子化が深刻になった一九九〇年以降です。渋沢は大正初期に託児所の必要性を言っていたのです。

第三は、宿泊救護事業です。これは、定まった住居のない労働者に安価で宿泊できる場所を提供する事業です。営利として高額な宿泊費を要求する住宅などがあって、貧困を促進していました。その対策です。

渋沢は、空理空論として抽象的に防貧の重要性を唱えたのではありません。具体的な策を提示していたのです。

●貧困者への処遇

渋沢は貧困者の処遇については消極的に考えていました。

『慈善』六編二号（一九一四年一〇月）の「中央慈善協会の本旨」で貧困者について「慈善者の喜捨に会えばその時はむしろ富んだ者よりも一時は贅沢ができるかしらぬがすぐにまた貧困になるのでこれが決して完全な方法ではない。すなわちそのような場合はむやみに酒でも飲んで遊興にふけるというようなことになりはしないか。これぞ大なる弊害というのであります」と指摘しています。

確かに貧困者への現金給付は、生活向上という本来の目的に使用されないことがあります。ですから慎重な配慮は欠かせません。

しかし渋沢の発言はそういう貧困者支援の方法論ではなく、貧困者への過度な支援は、支援への依存を生むという発想に思われます。

また、『東京市養育院月報』の一四六号（一九一三年四月）の「本院の沿革と現状」では、こうも言っています。「ある場所には普通の分量を越えて費用を余計かけて、立派なことをして居る、良い待遇をしてやるということは、貧者に対して結構であるけれども、その待遇が止むと又すぐ体裁の変わった有様に陥るのでありますから、病院に入って居る間は大名であったが、病院から出るとたちまち元の乞食になるということになりますからすなわち適度を誤ることになる、つまり窮民の救助についてはなるだけ自体の有様に適応してやっていくがよかろう」。

つまり、貧困者に良い処遇をすると良い処遇に慣れて、境遇が変わったときに対応できなくなるので、はじめから貧困者相応の生活をさせておくべきだ、ということです。

これはやはり、渋沢の生きた時代の限界というべきでしょう。

貧困者は貧困者なりに、という発想は、施設の処遇水準の低さを正当化して、健康で文化的な生活はいつまでも実現しないことになります。

渋沢の貧困者に対する見方も、今の感覚からすれば、偏見に満ちた面があります。貧困者には共通の傾向があるというのです。『慈善』八巻二号（一九一六年一〇月）掲載の「感化事業に対する所感」では「すべて貧困に陥る者の通有性がございます。その通有性は何かと云ふと自己のためのみを思い、人のために思わぬ、いわゆる思いやりの少ないのはほとんど彼らの通有性であります。自己のことのみ考えて人のことはかまわぬという人が養育院に入るのであります、あるいは意地の悪いものもあります」とも言っています。

結論として「自己さえよろしければよいというのでありますから、世の中にはいられぬ。必ず貧窮に陥るわけでありますＩと断じました。

渋沢は、実際に養育院の入所者と接しつつ、そのように述べているわけですから、思い込みによるのではなく、現象的にはそのように見えた面があったのでしょう。

貧困者について、その人格の欠点を指摘するのは渋沢だけではありません。

賀川豊彦という社会運動家がいます。キリスト教の牧師でありつつ、労働運動などの社会運動家として知られる人物です。社会運動の出発は、神戸の貧困者が集住している地域に身を投じたことでした。

その賀川について、今から三〇年ほど前ですが、貧困者への蔑視があったのではないかという批判がなされ、議論が盛り上がったことがあります。賀川は貧困者について、ここでは引用できないくらいのひどい言葉で表現していたのです。

資本家たる渋沢と、資本家を批判し続けた賀川とでは立場は正反対ですが、貧困者と接した点では共通していました。その二人が共に、貧困者を人格的に欠陥があると見たわけです。

貧困な人は、長く自分の生活で手一杯な生活をしてきましたので、他人への思いやりといった点では不十分さがあったのだろうと推測されます。そのほか、生活習慣などの点で、貧困と無縁な階層出身者には理解しがたいことがありました。そうしたことは貧困の原因ではなく、結果なのです。しかし渋沢にしろ賀川にしろ、原因と結果を取り違えてしまいました。「養育院は怠け者をつくる」という議論に対抗した渋沢でしたが、渋沢自身にも類似した発想は残っていたようです。

ただ、渋沢も賀川も、「だから貧困者を支援しても無駄だ」とは考えずに、貧困を無くす取り組みをしていくことになりました。

養育院の発展のために

分離処遇

渋沢は、養育院の院長として、養育院それ自体についての発言がたくさんあります。そこには、現代風にいうと情報公開というべき、養育院の実情をありのままに社会に向かって発信するということと、養育院を良い施設にしていくための提言とがあります。提言のほうを見ていきます。

東京養育院は、さまざまな人を一気に収容したために、多様な人たちが入所していました。

それらの人たちが混合して生活をしていましたが、渋沢はそれが望ましいとは考えていませんでした。

『東京市養育院月報』六八号（一九〇六年一〇月）の「院資増殖会の旨趣に就て」で「年少者をして他の窮民及び行旅病人との接触を途絶し彼らの間の悪感化の影響を免れしむるは最も緊切の事」の述べていて、児童が成人からの影響を受けやすいことを心配していました。

また、一四六号（一九一三年四月）の「本院の沿革と現状」では「大小相混じって養っておったのであります。これには実に困ったのです」とも述べています。養育院が、捨て子や遺児なども入所対象にするようになったものの、そのための準備はなく、しばらくは成人と混合して生活していました。

成人が、児童の手本となるような生活態度であればいいのかもしれませんが、必ずしもそうではないので、渋沢としては「幼者を別居したい」と考えていました。

児童同士でも、非行児童とそれ以外の児童を同じ場所で生活することは失敗だったと述べています。「同じ所に普通の貧児と不良少年とを置いて取り扱うということは、むしろ棄児遺児の少年が悪い少年に感化されて、良くしようと思ったのが逆に悪い方になってしまうという結果を来たした」「私も毎度実際を視察して何でそんな悪い事をするかと言って訓戒しましたけれどもなかなか悪い奴と一緒に置いていては善くなることができずに、かえって悪くする」というのです。

こうした発想から、養育院には次第に分院ができるようになっていきます。費用がかかりますので、なぜ必要かを語ることにもなりました。

今の感覚ですと過剰な分離は、同質の人とばかりかかわることになるので、必ずしも好ましくはないということもいえます。

施設のあり方として、どういう形がいいのか私も簡単にはいえません。ただ、渋沢が院内を漫然と見ていたのではなく、課題を常に把握していたということはいえるのではないでしょうか。

養育院への希望

渋沢はたびたび養育院の将来について発言しています。『東京市養育院月報』の二〇〇号（一九一七年一〇月）に「養育院将来の企望に就いて」という論説が載っています。東京市会議員への演説録です。そこでは、児童への対応について述べています。

東京養育院には当時、視覚障害、聴覚障害、知的障害などさまざまな障害をもった子どもがいました。渋沢は「一緒に置いて教育して居るのでありますが、これはいずれも別置して教育する必要があります」と指摘しました。「別置」と言っているのは、排除しようという趣旨ではなく、個々の障害に対応した教育の必要を自覚しているということでしょう。

虚弱児童を対象とした安房分院について、相当の効果があがっていることを自負しつつ、「児童の数が増えると共に同所に遣わす児童も増えるので、同所をも増築する必要に迫られておるのであります」と説明しています。

普通に考えれば、効果があれば徐々に対象者が減って、その施設の必要性が下がっていくということになるはずです。

渋沢は逆のことを言っています。効果があれば、評価が高まってますます利用者が増えていくという図式です。これは近年の待機児童問題にもあらわれています。

待機児童を減らすべく、保育園を増やせば、増やした分待機児童が減少するはずですが、実際は必ずしもそうなりません。保育園の増設が潜在的な入所希望者を刺激して、入所希望者を増やしてしまうのです。

「充足しているので増やす必要は無い」と言ったほうが仕事としては楽になります。増築を訴えれば、予算の確保や増築する場合のいろいろな手続きや交渉が発生します。

自分の仕事を増やす提言なのです。それなのにそういう発言をあえてするというのは、ニーズがあればその対応をしっかりやろうという意思のあらわれです。

また、感化院の井の頭学校について「理想的に施設しようと思うと目今の状況では不満足であります」と現状の不十分さを指摘しています。

何が不十分かというと、まず規模です。東京にはまだ多数の非行児童がいるので、その対応が求められているというのです。

また、「農業練習地」の拡充も言っています。非行児童の自立を考えた場合、当時の主たる職業は農業でしたので、農業技術を身につけることが大切になります。そこで、「農業練習地」を求めているのです。東京にはそういう土地はもはやなくなっていましたので、千葉県あたりを適地として考えています。

この発言も、渋沢が「今入所している児童にだけ対応すればいい」という発想でなかったことを示しています。渋沢に全東京の非行児童に対処すべき責任があったわけではありません。

現に入所している児童への対応に特化して議論してもいいはずです。しかし渋沢は適切な支援を受けることができないでいる児童に思いをはせています。

こうしてみると、渋沢は児童の現状に満足しておらず、強い問題意識をもっていたことがわかります。漫然と同じ仕事を大過なくやり過ごせばいい、という発想ではありません。常に問題を見出して、改善を目指す姿勢が感じられます。

改善の希望をあえて公の場に持ち出すことで、社会的に訴えるというだけではありません。これだけ公言すれば、引っ込みがつかなくなります。

非公開の会議で言えばすむことを公の場に持ち出すことで、より強く訴えるだけでなく、自分もやらざるを得ないよう追い込んでいったとも考えられます。

非行児童への教育

●感化教育の必要性

養育院の特徴の一つが、感化部を設置して、やがて独立した感化院を生み出していくことであることはすでに述べた通りです。

捨て子の救済や虚弱児童への支援は、当時といえども、「無用だ」として反対する人はあまりいなかったと思います。

しかし非行児童への支援となると、万人が賛同する活動ではありません。それゆえ、あえて推進した渋沢の独自の思想もあらわれやすいといえます。

東京養育院が感化部を設置していくなかで、渋沢が感化院について発言することもありました。一九〇一年三月の『東京市養育院月報』の創刊号にさっそく渋沢による「東京市養育院の過去及現在と将来に対する希望」が掲載されています。

そこでは開設してまもない感化部にも触れています。なぜ感化部が必要なのか。「浮浪少年を捨て置けば、彼等は悪徒となり、犯罪者と変じて社会を害し国家を損なうところのものになります。故に、これを収容感化するの方法を設けたならば、一方には犯罪の予防となり、又他方には不生産者を生産者に化す利益がある」と説明しています。

ここでは、非行児童個々人の権利とか将来性などには触れられずに、もっぱら国家や社会にとって有用であることが強調されています。

こういう発想を批判するのは容易なのですが、一般的な感覚では、非行児童を税金を投入してまで支援することへの抵抗感があります。その抵抗感を押しのけて感化院を運営していくためには、税金を投入するメリットを強調する必要があったのです。

渋沢が感化院を、人格改造センターのように思っていなかったのは、三好退蔵のような大物に依頼したことからも明らかです。

あるいは、『東京市養育院月報』には小河滋次郎による、非行児童への教育、すなわち感化教育についての論説がたびたび載っています。小河はこの領域の専門家ですので、もっと詳細に感化教育の意義や方法を語っています。

渋沢は、小河とは中央慈善協会などあちこちでかかわりがあったはずです。小河からは直接にも感化教育の話を聞き、『東京市養育院月報』の論説も読んだはずです。小河の議論をおおむね首肯していたのではないかと考えられます。

渋沢は、実際に悪行が身についた児童と接して、感化教育の重要性を痛感しました。『慈善』七編一号（一九一五年七月）の「感化事業に就いての所感」で事例を紹介しています。一二歳、つまり小学校六年生程度でありながら「悪事に熟練」している児童がいました。七歳ですでに盗みが始まったのですが、きっかけは友達の家でのことです。その家は小売店をやっており、商品が欲しくなって盗みをしました。すぐにばれて親が弁償したのですが、次第にエスカレートしました。

浅草に行ってすりをしました。するとたまたま、すりの常習者が見ていて声をかけられ、その男から手ほどきを受けて、男のもとですりを頻繁に行うようになります。やがて男のもとを離れて、さらにすりを繰り返して、とうとう摘発されました。

すでに、「懸念すべきほどの悪少年」だったといいます。渋沢がこの事例を紹介しているのは、とんでもなく悪い児童がいるという趣旨ではありません。犯罪のノウハウを教える大人が少なからずいて、そういう大人と接してしまったために、犯罪者になってしまうということを指摘しました。ですから「感化法を十分に設けて、不良少年を収容する仕組みがないと、こういう種類はどうかしていく」ということで、「その人をして善良なる考えに引直させて、まじめの業態によって必要なる生産に従事せしむることができぬことはない」というのです。

渋沢は経済上と人道上の双方を根拠として、感化院がいかに大切かを訴えたのです。

感化事業はどうあるべきか

一九〇八年に第一回感化救済事業講習会という催しが開かれました。中央慈善協会が設立されたのと同じ年です。

この講習会は、社会福祉専門教育の先駆とも評されています。講習会が開かれるまでの福祉は、「慈愛」のような実践者の主観的な気持ちが重視されていました。実践者が心理学とか教育学とかの知識を十分に持っているかどうかは問われなかったのです。

しかし、この時期になると福祉の実践に携わる者には専門的な知識が必要だ、というように認識が変化してきます。

とはいえ、一気に専門的な常設の学校をつくって本格的な教育を行うというようにはならず、まずはこういう講習会から始めることになったのです。

この講習会で渋沢は「感化事業の方法と感化の程度」という講義を担当しています。渋沢が行った数々の講演は、参加者が必ずしも福祉関係者でないものも少なくありません。なかには経営者などを対象としていて、福祉関係者不在で行われたものもあります。それはそれで意義深いのですが、福祉関係者には直接には伝わりません。

しかしこの講習会の参加者の大部分は、実際に全国各地で福祉に従事している人たちです。福祉の実践者に直接語ることができたのです。それだけ影響も大きかったはずです。

また、第一回の講習会の講師をしたということは、社会福祉専門教育の出発においても、渋沢が立ち会っていたということでもあります。

渋沢の演題は「感化事業の方法と感化の程度」です。つまり、感化教育の先駆者として、非行児童への教育のあり方を説いたわけです。

「自然に家庭の形造りを以て情愛の温かな有様に浴さしめるようにしたいのである」と述べて、家庭的な愛情を非行児童への教育の軸として示しています。

渋沢は、東京養育院で、少年であれ成人であれ、犯罪傾向をもった人に多く接してきましたので、きれいごとだけを述べているわけではありません。

養育院で苦労した事実にも触れています。そのうえで、あえて愛情に基づく教育の重要性にたどり着きました。

また感化教育の方法として、数十人が集団的に動いていく方法と、小規模にして家族的に対応する方法があります。

その点について渋沢は、「感化院の収容方法について合宿式は悪い、家庭式でなければいかぬという。又家庭式は経費がかかってなかなか世話が届かぬ。小さい仕掛けなら出来るか知らぬが、もし感化すべき人員が沢山あるとすれば、狭く深くしては多数の望みには応じられぬから、むしろ浅く広くしたほうがよろしいというような議論があるのでございます。これらは最も攻究してやらなければならぬものでございます」と述べています。

渋沢はここでは結論は出していませんが、渋沢なりに多様な感化教育論に触れて、模索しているのです。

そして、「生活にさしつかえないようにしてやることを第一にしなければならぬ」として、手に職をつけること、本を読めるようになること、計算ができるようになることが大切だとしました。そのようにして、就職してある程度の賃金を得ることができるようにすべきというのです。

現代風にいえば、基礎的な学力を保障して自立支援を行うということです。具体的な教育目標を提示することで、感化教育を実質的に効果のあるものにしようとしたのです。

渋沢は、犯罪傾向を持つ人に接していましたので、現実から思考しました。一方で、日々非行児童と接しているわけではないので、感情に走らず、理性的な判断もできました。

愛情を軸にした教育を明示しつつ、きわめて具体的な方策を示すという、バランスをとれた議論ができたのです。

非行児童への呼びかけ

養育院が感化部を設置し、井の頭学校に発展することで、渋沢は非行児童を前にして話す機会がありました。当事者への直接の呼びかけです。『東京市養育院月報』二〇一号（一九一七年一一月）の「井之頭学校生徒に望む」は学校の紀念式での演説です。

ここで渋沢は「その日その日の勉励によりて追々と発育していくものでその日その日を励み勤めることによって初めて勝れた人間となることができる」と述べています。勉学を奨励することでの、人間的な発達に期待しているのです。

次に「恩というものを忘れてはならぬ」として、「報恩に念を養い強めると共に堅い覚悟を持たねばならん」と語って、漠然とした感謝の念ではなくて、より強固に恩を意識することを求めています。非行児童はむしろ恩とは逆に、理不尽な扱いを受けた経験が多くて、報恩どころか反発の気持ちが湧いてきやすいものです。

渋沢もそこを無視しているわけではありません。「皆さんは不幸にして両親に養ってもらうということができないけれども、自分の覚悟次第で、いくらでも立派になることができる」と、不幸な境遇を自助によって克服することを勧めています。

「国家の御恩」とか「国家有為の国民」といった表現も散見されます。こういう表現があると、「国家主義である」とか「子どもを国家に役立つ道具にしようとしている」といった批判が出てきます。

わが国を代表する経営者であった渋沢が、個人の権利よりも国家の利益を優先する発想があったとしても不思議ではありません。ですが、非行児童について「国家」を持ち出すのは、この時代の定番ですので、渋沢が特に変わった主張をしているわけではありません。

二五四号（一九二二年四月）には井之頭学校の卒業式での訓話が掲載されています。「皆さんも自分の勉強次第でどんなにも立派な人になることができるのです」と述べて、これから大いに社会に貢献できる可能性があることを強調して励ましています。

「希望が多いわけで、不幸のごとくに見えても幸福な身の上であると言わねばなりません」とも言っています。井之頭学校に入ってくる大部分の児童が、かなりの不幸な身の上であったはずです。それでもなお、「幸福」と語るのです。

現実を無視した精神論を言っているのではないと思います。感化院というと、いくらそこが刑罰の場でなく教育の場だとしても、暗いイメージがとうしてもしてしまいます。しかし、この学校で教師に出会い、仲間に出会ったことなど、収穫がたくさんあったはずです。

過去に失ったものを振り返って不幸だと自分を決めつけるのではなく、自分について積極的に受容し価値を見出すことの大切さを説いたのではないでしょうか。

渋沢の福祉思想を受け継ぐ

社会福祉思想史という研究領域があります。福祉について語った先人を取り上げて、福祉のあり方を考えていくのです。

ところが、この章の冒頭で紹介した本が出るまでは、研究のなかで渋沢は取り上げられてきませんでした。たとえば、吉田久一『日本社会福祉思想史』という六〇〇ページ近い分厚い本があります。これほどの本なのに、巻末の人名索引に渋沢の名がないのです。

吉田久一は、日本の社会福祉の歴史研究の大家ともいうべき人です。日本社会福祉史研究を築いたといっても過言ではないほどで、私も吉田の著作を熟読することから研究を始めました。

さらに大学院では吉田の授業を受けましたが、とにかく博識で、古今東西の福祉に関することは何でも知っているという感じでした。その吉田が、渋沢を軽視して社会福祉思想史を書いているのは驚きです。残念ながら、研究者においても福祉関係者においても、渋沢の福祉思想から学ぶという流れにはなっていませんでした。

それには仕方ない事情もあります。本章で紹介した『慈善』や『東京市養育院月報』は、大学図書館や都市部の大規模な図書館にしか置いてありませんので、興味をもったからといって、すぐに読めるものではありません。また、渋沢は評論家でもないし学者でもありませんから、福祉について、理論的によく整理された本を出したわけではありません。

かろうじて、岩波現代全書として出ている島田昌和編『原点で読む　渋沢栄一のメッセージ』に一つだけ、先ほど紹介した「感化事業の方法と感化の程度」が掲載されているのが、容易に読める渋沢の福祉についての著作です。それも全文ではなく、一部が略されています。

私自身も長らく、渋沢の論説を読むことはほとんどありませんでした。読んでみると、先駆的で科学的な視点が随所にみられます。経営者としての発想と、東京養育院での経験とが結合して、現実に即しながら福祉を創り出そうとする意欲が感じられます。

もちろん、誤りや限界もたくさんあるでしょう。渋沢の語ったことがすべてすばらしいと言うつもりはありません。誤りはきちんと批判すべきですので、この章でも厳しく指摘しました。しかし誤り以上に、今の福祉につながる提言を数多くしていることも事実です。これまでみんなが、渋沢の発言を見逃してきたことは大きな損失でした。

渋沢が語った福祉の姿のなかには、日本の未来の福祉を考えるうえでのヒントがたくさん詰まっている予感があります。渋沢の福祉思想をしっかり受け止めて継承していくことで、新しい福祉を築いていけるのではないでしょうか。

第6章

渋沢に学ぶ福祉の未来

ここまで、渋沢栄一と福祉との関係を紹介してきました。それは、渋沢はこんなに偉かったのだ、ということを主張するのが目的ではありません。

日本の近代には、闇とも呼ぶべき世界が広がっていきました。製糸工場や炭鉱での過重な労働などもその一つでしょう。農村では小作人の生活は厳しさを増します。女性を娼婦として売る習慣も続きました。

闇はより深まり、国内で抱えきれなくなって、ついに日本は周辺諸国に領土を求めていくことにもなります。そういう闇の形成に渋沢に大きな責任があることも、まちがいありません。渋沢の福祉への取り組みは、闇に斬り込んで光に変えていくものではなく、むしろ隠蔽・温存する性格をもっていました。

ですから、渋沢の福祉に関連する言動について、きちんと検証して批判すべき場合にはしっかり批判しなければなりません。

しかし、一方で渋沢の福祉への取り組みや考えには、学ぶべき点、継承すべき点があることもまた確かだと思います。

今の福祉は混迷しているといわざるを得ません。少子高齢化への不安が高まっています。福祉こそ少子高齢化の問題にもっとも関わってくる領域です。

本来なら、福祉がしっかりと少子高齢化から起きる課題を受け止めて、みんなに安心してもらうべきです。しかし実際はそうなっていません。むしろ制度がくるくる変わって、不安を促進してしまっています。

必要に迫られて改正するのはやむをえない場合があります。真に良くなるのなら当然改正すべきです。しかし、これだけ制度が変わるのは、むしろ場当たり的な対策が先行して、迷走しているという状況なのではないでしょうか。

将来の見通しがはっきりしないときこそ、歴史に学ぶ必要があります。渋沢と福祉の関係のなかに、学ぶべきことがいくつもあると思います。

危機的な日本の福祉

人材の不足

日本の今の福祉は危機的な状況にあります。その最たるものは、人材の著しい不足です。人材不足の深刻化は半端ではありません。介護職員はなかなか集まらず、どの施設も苦慮しています。どうしても、多少どころか、大いに難点がある人物であっても採用せざるをえません。

介護への外国人の導入も進んでいます。私は、すぐれた外国人が日本の福祉の世界で活躍してくれるのなら、それ自体は大賛成です。ずっと以前から教育とか文化とかでは、外国人が日本で大きな働きをして、日本の発展に貢献してくれました。福祉では駄目、というのは変な話です。

そもそも日本の福祉は、もともと外国人が助けてくれて発展しました。長崎では明治の始め、ド・ロ神父が、地域の生活課題の改善に向けて取り組みました。岡山で岡山博愛会という先駆的な地域福祉活動を始めたのは、アリス・ペティ・アダムスという、アメリカ人の女性です。

しかし、介護のさまざまなネガティブな現実を放置したまま、外国人で数合わせをするのなら、やがて外国人も来なくなるだけの話ではないでしょうか。

人材不足は、大学の社会福祉学科への志願者の減少の深刻化としてあらわれています。あまりの少なさに、社会福祉士の養成をとりやめる大学も相次いでいます。

それなのに、厚生労働省の国家試験対応は、「社会福祉士など目指すな」といわんばかりです。社会福祉士国家試験の合格最低点は一五〇点中の約九〇点と事前に示されています。ただし、難易度によって若干の調整がなされることになっています。若干というからには最低点は上がっても数点と思うのが当たり前だし、私もそう思ってきました。

二〇一八年二月に行われた国家試験では、合格最低点が突如、九九点に設定されました。例年なら合格した人も不合格になったわけです。事前に示した約束ごとを国が白昼堂々と破る。これほどの受験生への愚弄があるでしょうか。

こんな仕打ちにあった人が、高校の後輩に向けて「社会福祉士は素敵な仕事だから目指してみたら」と勧めるでしょうか。

「社会福祉士国家試験は、実はイカサマ賭博だからやめたほうがいいよ」と言うに決まっているではないですか。もはや社会福祉士に合格できるかは、運が左右するだけ。福祉の仕事に生涯を賭けようと思った人が、出足から世のインチキさに触れるわけですから、働く意欲もそがれるでしょう。

わざわざ厚生労働省が、社会福祉士の人気を下げているわけです。これでは、いくら口先で「人材確保」を叫んでも、国の本音は違うと受け取らざるを得ません。

人が確保できないのに、どうしてこれからの高齢社会を乗り切るつもりなのでしょうか。

●罰で質が保てるのか

やっと人が確保できたと思っても、安心できません。介護施設での職員による虐待事件や、入所者の死にいたった事件が次々と明るみに出ています。こんなことでは人材を確保したとはいえません。どんな領域でも不祥事は起きますが、それにしても多すぎます。

しかも、たとえば警察官や教員の不祥事のニュースが後を絶ちませんが、人が死んだというほどの事件は稀です。介護では命が失われたという話ですから尋常ではありません。

こうなると悪循環で、介護施設が犯罪の舞台であるかのようなイメージが広がり、ますます人が集まらなくなっています。

そういう状況について、そうなってしまった根本原因を究明して改善するのではなく、罰を与えることで何とかしようとしているように見えます。

介護事故に対して、介護職員が起訴され、有罪になるということが起きています。介護事故を、介護職員を重く罰することで防ごうという発想です。

もちろん、仕事には厳しさがなければなりません。「福祉の仕事は善行なのだから、少しくらいミスがあっても許してもらえるだろう」などという発想はなかったでしょうか。それは大きなまちがいです。

しかし、事件と事故を混同してはいけません。職員が虐待するなどで命が奪われたケース。これは事件です。悪意をもった者が意図的に引き起こしたもので、当然に犯人を処罰し、本人はもちろんですが、そういう人物を雇っていた施設の責任も徹底的に追求しなければなりません。

しかし、どんなに誠実に仕事をしていても、事故は絶対に防げません。要介護高齢者は、転倒する、誤飲するなどの危険をかかえています。どんなに注意しても、何らかの事故は必ず起きるのです。監視カメラを多数設置して常時監視したとしても、事故発生後の発見がいくらか早まるだけで、事故自体を防ぐことにはなりません。

私自身も、特別養護老人ホームで介護の仕事をしていたとき、私だけが責任を負っている時間帯に、あわや高齢者が亡くなるという事故に遭遇しました。

一回目は、認知症でしかも体のバランスを保つことができなくなっていて、歩行はできるのですが、倒れかねない状態だった人が、深夜にベッドから転落しました。居室から物音がしたので行ってみると、その方が床に倒れていました。

大声で呼びかけましたが、まったく反応がありません。たいていの人は、ベッドから落ちるくらいで死亡することは少ないでしょうが、その方の身体の状況からすれば、頭から落ちても不思議ではありません。事実、頭部に損傷があるように感じられました。

いくら話しかけても反応がなくて、私は死亡したとほぼ確信しました。とにかく救急車を呼ばなければ、と思った矢先にようやく、少し声が出て、死んでいないことがわかりました。

二回目はやはり認知症の方ですが、一回目の方以上に認知症の症状が重く、体のバランスをとることができず、個々の身体能力は良好なのですが、歩くとバランスが取れず、いつ転倒してもおかしくない状況でした。その方が、私の夜勤中にふらふら起き出して、倒れ負傷し、何針も縫う事態になりました。

これらの事故は今振り返っても、防ぐことは不可能だと断言できます。防げるはずだと言い張る人は、どうしたらいいのか教えてください。

介護施設で何らか高齢者が死亡すると、マスコミで不祥事のごときに報道されることがあります。インフルエンザによる死亡もそうです。虚弱な高齢者だけが大勢集まっているのです。冬季に全員がインフルエンザにかからず、健康を維持して春を迎える。そうなればうれしいですが、無理に決まっているではないですか。

どうも、罰によって質を保てるという発想が広がっているように感じます。もちろん犯罪的なことがあれば当然に罰が与えられるべきです。しかし、罰で脅せば質が保てるということであれば、違うのではないでしょうか。

やるべきことは、なぜ不適切なことが起きたり、質が下がるようなことが起きるのか、根本的な対策を行うことなのです。仕事への意欲を高めるにはどうしたらいいのか、就職時にレベルが低かった人をどう伸ばしていくのか、そういう議論こそしっかりやるべきです。

予防重視?

政府は、病気や認知症を予防せよ、と叫ぶようになりました。怖いのは、マスコミはこれを批判するどころか、むしろ助長していることです。

政府が、認知症対策の大綱に「七〇代で認知症の人の割合を一〇年間で一割減らす」などという数値目標を掲げようとしたときには、私は怒りで震える思いがしました。

無茶な政府に対しても怒りましたが、それ以上にこの伝えるニュースをいくつか見ましたが、無批判に、いやむしろ好意的なトーンで伝えていたことには、怒りが湧きました。これまでもマスコミのあまりに愚かな福祉・医療報道に怒りを感じてきました。マスコミは福祉のことになると思考停止して、無益な情報をばらまきますが、ここまで愚かとは。

さすがに、認知症の家族団体など各方面から批判が高まって、目標としては撤回されましたが、参考値としては残りましたので、目指す方向として掲げられていることには変わりません。

これまでも、予防重視ということで、メタボリック・シンドロームと称する概念が登場して、ひっかかったら健康指導が入ったり、介護保険で「介護予防」が重視されたり、「予防」が強調されています。

「予防」がおかしいのは、まず本当に予防できるのか、はなはだ疑問です。これまでも医学常識はくるくる変わってきました。

私が子どもの頃は、日光を浴びることが奨励されていました。私は小学校を何度か転校しましたが、どこの学校でも外に出ることが強制され、休み時間は強制的に教室の外で遊ばさせられたものです。

認知症の原因論に関して、かつて「アルミ説」というものがあって、アルミが原因かもしれないと語られましたが、最近は言われません。

正反対のことが語られることもあります。ある本では「水分補給をしっかりしろ」と推奨し、別の本には「水分は食事などで摂れるので、むやみに水分をとらないほうがいい」とあります。

糖尿病などの予防や治療にかかわって、糖質制限を強く推奨する医師と、危険視する医師がいます。

また、明らかに健康にプラスであっても、実際にできるものではありません。日々のウォーキングが有益なのは間違いないと私も思います。しかし、毎日ある程度の歩行を続けられる人は限られるでしょう。

人間は複雑で、身勝手な生き物です。どこかで節制すれば、他のところでハメをはずすことにもなります。飲酒するなら週に1日以上の「休肝日」をつくれとよくいわれます（これも推奨する医師と、無意味という医師がいますが）。しかし、「休肝日」をもうけたことで、逆に「明日は休肝日だから、今日はしっかり飲もう」とか、「昨日は休肝日で我慢したから今日はたくさん飲んでも大丈夫だ」と考えるのが人間です。

ですから、理屈のうえでは効果があることであっても、導入するとさほどの効果をあげることはないのです。

あれこれの予防策は、日本人全員が修行僧かピューリタンになることが前提です。ごくまれに、厳しい修行を耐える人がいますが、それは少数にすぎません。凡人には無理なのですから、無理だと判断すべきです。

そうしたこと以上により大きな問題として、「予防」をいえば、実際に発症した人について「予防しなかった本人が悪い」となって、サービス提供が消極的になることが心配されます。

認知症に誰がなり、誰がならないのか、結局のところまったくわからないのです。認知症予防本がたくさん出ています。書いていることはだいたい同じで、新しいことに挑戦しろ、コミュニケーションをしっかり、若い人と付き合え、栄養をバランス良く。

一般論として、そういう生き方をするほうが、人生が充実して好ましいとは思いますが、それでどこまで認知症が防げるものなのか、不明だというのが現状でしょう。

私たちは今、ハンセン病者に対してなされてきた人権侵害について、当たり前のように批判していますが、何が間違いだったのでしょうか。真実かはっきりしない医学的知見を絶対視し、負担を患者に負わせたことです。

実はまったく同じことを今、やりつつあるのではないでしょうか。医学的根拠がはっきりしないまま、病気の人について、その責めを本人に向けるという。

美辞麗句とは逆の現実

困るのは、福祉がこんなに危機的なのに、危機感がどこにも感じられないのです。むしろ、福祉がよくなっているかのようなイメージさえ振りまかれています。

たとえば、最近の福祉の世界では、「我が事・丸ごと地域共生社会」と叫ばれています。本当に「地域共生社会」に近づいているのなら、大いに喜ばしいことです。

しかし、ネットやSNSでは、外国人への排外的な言説が盛んです。生活保護で行政側の不手際があっても、行政を批判するのではなく、受給者を批判する書き込みばかりがあふれます。

そういう影の世界だけではありません。一連の大学入試改革は、どういうふうに進んでいるか。ある種の人間像がよしとされ、そういう人間像に近い人を優遇するという話です。逆に言えば、そうでない人を排除するということが推進されているわけです。

推奨されているのはコミュニケーション力の高い人です。確かに、そういう人は頼もしいし大いに力を発揮してほしいものです。しかし、低い人もいます。「共生」というなら、高い人も低い人も、等しく大学教育の機会が保障されるべきではないでしょうか。

大学である以上、その学問を修得するための基礎学力は不可欠ですので、試験で確認することは必要です。たとえば、英文科なら英語力が問われるのは当然です。しかし、それ以外の要素をどうして評価しなければならないのでしょうか。

厚生労働省がいくら「地域共生社会」といっても、実際の政府全体の政策は、共生とは正反対のほうに進めようとしているわけです。

それ以上に危険に感じることがあります。「地域共生社会」ということが、厚生労働省から言われていることです。「地域共生社会」は、かなり価値観を含んだものです。政府がある種の価値を国民に勧めるというのは、行き過ぎたことではないでしょうか。

価値の押し付けがなされるのは、全体主義的な時代であるように感じます。日本でもスローガンが国の音頭のもとで強調された時代があります。太平洋戦争中です。「ぜいたくは敵だ」「欲しがりません勝つまでは」「撃ちてしやまん」などのスローガンが社会にあふれました。

中国では文化大革命の時期です。「造反有理」とか「革命無罪」なるスローガンは、日本の学生運動などにも影響を与えました。

渋沢は、自身は論語を中心とした儒教的価値観をもってはいましたが、特定の宗教にのめりこむような姿勢は警戒していました。しかし、キリスト者による福祉については積極的な支援もしています。複眼的な思考で価値を捉えていたのです。

美辞麗句を振りまいても、社会はよくなりません。現実と向き合い、その現実とどう関わるかを考えるべきなのです。

渋沢の姿勢から学ぶ

現実に目を向ける

こういう混迷の時代こそ、歴史にしっかり学ぶべきです。歴史に学ぶといっても誤解があってはならないのですが、ストレートに教訓を導き出すということではありません。よく、歴史上の成功した偉人、たとえば徳川家康のような闘いの勝利者を取り上げて、その成功の秘訣が今のビジネスでも有益なような話がありますが、時代背景なども全然違うのですから、無理のある議論です。

渋沢の場合も、たとえば渋沢は東京養育院を廃止する圧力に抵抗し、あくまで公立の施設を目指す態度をとりました。だからといって、すべての施設を公立にすべきという結論を出すとすれば、短絡的です。ある施設について公立が望ましいかどうかは、その施設の機能や役割を踏まえて、個々に判断すべきでしょう。

しかし、渋沢の生き方や行動から、素直に学ぶべきことも少なくありません。今の福祉は渋沢から学ばないために、大切な視点を見失っています。

まず、貧困な人たちの存在に目を向け、貧困者の側から出発することです。

近年の日本では貧困が広がる一方で、貧困者をバッシングする傾向が顕著です。貧困について、自己責任論が横行しています。貧困で苦しんでいる人にたいして、気の毒に感じて手を差し伸べるのではなく、自分のせいだといってむしろ糾弾するのです。

当然、公的な支援を深めようというのではなく、自分のせいだから放っておけばいいという話になります。

貧困と無縁な環境にある、富裕な人ほどそう考える傾向にあるのではないでしょうか。「高校生のとき、自分は必死に受験勉強をしたが、貧困な人たちは、自分が勉強していたときに、何をしていたのだ」というように。

確かに貧困にいたる経緯を一人ひとりたどると、高校を中退したとか、一時的な気分で正社員の仕事を辞めたとか、羽振りのよかったときに酒や女性にお金を浪費したとか、何らかの判断ミスが見つかったりします。

しかし、人間は人生の岐路というものにたびたび立ってその都度選択をします。その選択がいつも正しいということはありません。後からふりかえって、「ああすればよかった」といって責めたてるのは酷なものです。

「貧困を助けると怠け者をつくる」という発想が常識だった時代に、渋沢もそういう考えに影響を受けていた面はありましたが、そこにとどまってはいませんでした。渋沢は、貧困の原因を見つけ出して、その原因を取り除く視点ももっていました。

東京養育院では非行児童への個別的対応の必要を痛感して、感化院へと発展させましたし、虚弱児童や結核患者など病者についても、分院を立ち上げていきます。これは、貧困に陥った根本的な原因への対処でもあります。

真の原因に対応することなく、個人を責めたてたところで、何もよくならないのです。「貧困の真因は資本主義にある。渋沢こそ貧困を作り出した張本人だ」という意見もあるかもしれません。社会をマクロで捉えたとき、そういう分析もありうるかもしれません。しかしそれは、社会構造の分析にかかわる議論であって、渋沢が非行や病気に向き合ったこととの評価とは別の次元の話です。

自分がする

福祉について、あれこれ論評する人は大勢います。ＳＮＳの普及で、論評できる場が多くなりましたので、より広がりました。

福祉に関心を持って議論に参加することは大いに歓迎すべきです。もっとも恐ろしいのは無関心でいることですので、何はともあれ、発言することは望ましいことです。

しかし、論評したことを実現するために動く人が、どれだけいるのでしょうか。私こそまさに、学生に向けて毎日語っていますが、動いているわけではないので、誰かを批判するつもりはありません。また、人にはそれぞれ事情もあるでしょうから、動かないから発言すべきでない、というものでもないと思います。

私が言いたいのは、渋沢は動く人だったということです。たとえば、滝乃川学園が火災にあったとき、学園の存続を願って発言する人は大勢いました。障害児福祉への関心がきわめて乏しかったその時代、火災に心を痛め、さらに学園の存続を願った人は、当時としては非常に良心的な発想をしていた人です。

ただ、存続させるためには、継続的な財源も必要ですし、いったん低下した職員のモチベーションを高めなければなりませんし、課題は山積です。その課題まで背負う決意をした人はいません。せいぜい、学園に現金入りの手紙を送った程度です。渋沢は、厳しい課題に自ら向き合おうとしたのです。

救護法が実施されなかったとき、新聞記事でそれを知って憤った人は少なくなかったでしょう。しかし、読後感としてそう思うだけで、具体的に何かをした人は方面委員など関係者以外では、ほとんどいませんでした。渋沢は、方面委員から懇願されたことが契機とはいえ、自ら政府に要請して尽力していきます。

福祉について、国がやってくれるものだという発想があります。確かに年金とか生活保護とかは、国にしかできないものです。こういう制度的なものはこれからも国にしっかりやってもらう必要があります。

しかし、少子高齢化がますます進み、人口も減っていくなか、国にできることに限りがあることも否定できません。そういうなかで福祉を創っていくためには、個々人が「自分に何ができるか」を考えていくことが求められます。

渋沢は、業務が多忙なのに、福祉に関わりました。晩年に経営から引くとき、福祉にかかわる仕事についても辞めたとしても、それまでの労苦を讃える人はいても、非難する人はいなかったでしょう。それなのに、なお福祉に関与し続けたのです。

経済を支える福祉

●経済あっての福祉なのか

今の人々、特に経営者といわれる人たちに向けて声を大にして言いたいのは、「福祉あっての経済」だということです。逆に、「経済あっての福祉」のように思われているのではないでしょうか。

福祉の施策にはお金がかかりますので、「経済あっての福祉」という面があることを、私も認めます。また、福祉関係者は経済の動きに関心が乏しく、あるいは経済が何か反福祉的なものであるかのように考える傾向がありはしないかと憂えます。

福祉を発展させるためには、経済の発展が欠かせません。かつて経済発展の名のもとで、公害とか薬害とかが頻発しました。今もブラック労働などがあります。こういうことがあって、経済というと、「命を奪ってでも金儲けをして私利私欲を満たすもの」というイメージになって、経済と福祉が逆を向いているような印象を与えているのかもしれません。しかし本来は経済も福祉と同様、人の幸せを目指して取り組まれるものです。経済が停滞、衰退して、福祉だけ発展するということはありえません。

ですから、経済は非常に大切ですが、「福祉あっての経済」という面はもっと強いと考えています。私は、研究の上でも参考になるかもしれないと思って、柳井正氏とか鈴木敏文氏とか、経営者の名で出版されている本を読んできました。今では経営者の範疇に入るのかわかりませんが、堀江貴文氏についても、かなり読みました。

確かに成功者には、成功した秘訣があり、そこからはしっかり学びたいと思います。時代の変化を捉えて、素早く対応していく。そういう成功者の行動は、福祉の立場からみても大いに参考になります、

しかし、そういう経営ができたのは、日本社会が安定しているからではないでしょうか。たとえば、二四時間営業の店は、夜間には最小限の人で動かしています。コンビニには漫然とATMが置いてあります。これは、夜間であっても犯罪が少ないためにできることです。

日本社会が安定しているのは、さまざまな理由があるでしょうが、一つには福祉が人々の生活課題を解決しているからだと思います。他の国では、デモなどが激しく起きたり、テロが起きたり、物騒です。その背景として、生活困難があったり、社会の分断があったりすることが指摘されています。繁華街に出かけるとテロで死ぬかもしれない、というのでは安心して買い

物などできません。

日本でも社会の分断が問題になっていますが、他の国ほどではないように思えます。それは、分断の原因になる要素を福祉の支援によって取り除いているからです。

ホームレスは一時期より、少なくなりました。自殺が毎年三万人を越えていましたが、これも減少に転じました。少年非行や凶悪犯罪はずいぶん減りました。増えていると誤解している人が多くいるようですが、かなり減っています。最近は刑務所に入っている人が少なくなって、かえって困っているようです。

福祉がしっかりと社会の諸課題を緩和しているので、企業経営も安心してできるのです。

さらに言わせてもらえば、経営者たちは、福祉をあてにして、自分たちの責務を放棄しているのではないでしょうか。

低賃金労働がはびこっています。最低賃金ぎりぎりの賃金にとどまっている人がかなりいます。最低賃金を下回っていない以上、違法ではありません。

とはいえ、できる限り賃金を上げる努力をすべきではないでしょうか。低い賃金の人ばかりになってしまうと、不満が蓄積されて、いつか暴動になったりします。

実際には、暴動が起きることはありません。これは結局、生活しきれなかった人は生活保護で支えられますし、そのほかNPOなどで生活に困窮する人を支援しているからです。つまり企業は、「低賃金や非正規労働をはびこらせても、どうせ福祉で対応してくれるだろう」と、福祉に甘えて、賃金を上げる努力を怠っているのです。

渋沢は、経営者としては冷酷な面もあったのかもしれません。しかし、経営で得られた利益は、福祉に使うべきだという発想を持ち続けていました。

非正規雇用など低賃金で労働者を酷使しつつ、自分は高額な報酬を要求する、あさましい経営者がいます。こういう経営者は、自分の経営の才覚を誇りますが、実は福祉に甘え、福祉を食い物にしているのです。

生活保護を受けている人に「甘えている」「依存している」などのバッシングがありますが、甘えて依存しているのは経営者です。そういう経営者と渋沢と、将来の社会の発展を考えた場合、どちらが求められているでしょうか。

経済の成果を福祉に還元する

経済あっての福祉ではなく、福祉あっての経済なのです。渋沢はそれをわかっていました。

渋沢は私財によって福祉に寄付してきました。

あるいは、自分自身が福祉に時間や労力を用いて還元しました。渋沢ほどの人ですので、東京養育院の院長などしないで、その分の時間を企業経営にあてていたら、もっと儲けることができたはずです。つまり、自分という経営資源を福祉に回したのです。

あるいは、福祉関係者は対人的な援助に関心が深い分、経営的な知識や能力には欠ける面があります。実際に福祉を推進しようと思ったら、企業経営同様に、労務管理をしたり、職員のモチベーションを高めたりしなければなりません。

そういうことを渋沢は身をもって示しました。

渋沢は福祉が発展していく見通しを語っていますが、これは福祉関係者を喜ばせるために、根拠のない楽観論を語っているのではなく、将来を見通し計画していく発想のなかで、語ったのではないでしょうか。

福祉の実践は、現に目の前にいる困難をかかえた人をとにかく助ける、という性質があります。そうなると、その場その場を乗り越える発想になって、なかなか一〇年後、二〇年後を見通し、将来を考えながら業務を遂行するという思考になりません。

一方、経営はその場だけの場当たり的なやり方では絶対に成功しません。目前のことと、長期的な視野を併せ持って動いていかなければなりません。渋沢はそれができる人なので、企業経営において成功したのでしょう。それを福祉にも示したのです。

寄付の文化

福祉の財源

福祉を推進していくうえでの人材と並ぶ課題は、お金です。どんなに立派な構想をたてても、お金がなければ何もできません。日本は資本主義経済ですので、市場原理で世の中が動いていて、それは福祉とて同じです。しかし、一般のサービスとは異なっています。

第一に、一般のサービスでは利用者が経費の全額を支払います。しかし、福祉サービスでは、全額を支払うのは稀で、たいていは一部のみ負担します。貧困者に限定したサービスではまるっきり無料ということさえあります。たとえば、生活保護で病院を利用するときには自己負担はありません。そうなると、利用者以外の誰かが負担しなければなりません。それは結局のところ、税金か保険料です。児童福祉や障害者福祉は税金、介護サービスは保険料プラス税金です。

第二に、一般のサービスでは、料金は事業者が決定しますし、支払われた料金収入をどう使うかは、事業者の自由です。しかし福祉サービスでは、原資が税金や保険料であるため、料金の決定は国が行います。収入の使い道を国が決めることさえあります。施設が利益を上げているらしいとなると、国は料金を下げてきますので、利益が出たとしても一時的です。

こういう窮屈でない、自由な財源がないわけではありません。それが寄付金です。歴史的には、寄付金が大きな役割を果たしました。岡山孤児院が多様な活動ができて、今日著名なのは、集金システムを確立して、他の施設に比べて多額で安定的な寄付が得られたからでもあります。

多くの国民が積極的に寄付をしてくれたら、福祉をより推進しやすくなります。ことにNPOと称される非営利の福祉団体は、お金に困っていることが多く、お金さえあればいろいろなことができるのに、ないために活動が制約されています。

税金も大切ですが、税金は制度に基づいて使用されますので、制度外の活動などには限界があります。

国民が自然な営みとして寄付をしていく。そういう文化を「寄付の文化」と呼びます。日本には、この「寄付の文化」が乏しいとよく指摘されます。欧米では、富裕者や企業が「寄付の文化」によって寄付が広くなされているといいます。

定着しない「寄付の文化」

大企業や経営者が福祉に多額の寄付をしているというのも、「はじめに」で紹介したヤマト運輸のようなケースもありますが、あまり一般的とは思えません。

「ふるさと納税制度」なるものができました。これがもし、自分の「ふるさと」に積極的に寄付するというものであれば、「寄付の文化」を定着させるきっかけになったかもしれません。しかし、情けないことに実態は逆で、「寄付の文化」の脆弱な姿を露呈することになりました。周知のように、各自治体は返礼品なるものを寄付者に贈り、寄付者は初めから返礼品目当てに寄付をします。寄付は本来の税金から控除されるため、返礼品と合わせると、寄付をしたほうが得をする、という仕組みです。これでは副業か低リスクの投資のようなもので、寄付でも何でもありません。

福祉の寄付を呼びかける活動としては、戦後長く共同募金というものがあります。「赤い羽根」のシンボルで知られています。共同募金も実は、実施までたくさんの苦労がありました。

共同募金は、戦後になって突然始まったのではなく、戦前に前史があります。一つは長崎県で行われたもの、もう一つは東京で行われた社会事業デーという取り組みです。前者は長続きせず、後者は赤字になって大失敗しました。共同募金は何とか定着しましたが、それでも「募金が開始される一〇月一日を皆が待ちわびて、一〇月に入るとたちまち多額の募金が殺到する」という状況ではありません。むしろ昔から、「強制的だ」という苦情が絶えないのが実態です。

ただ私は、日本には「寄付の文化」の発想がなく絶望的だと考えているわけではありません。東日本大震災のときには、たくさんの義援金が短期間で集まりました。必要性を感じさえすれば、寄付は集まるのです。

●寄付の文化を示した渋沢

寄付の文化の可能性やあり方を示したのが渋沢だったのです。渋沢は自身も多くの寄付をしました。しかし、わけもなくばら撒いているのではありません。一つひとつの事業を見極めて、賛同できる事業についてしっかり支えています。

「恵まれない子どもたちのために」というような漠然とした呼びかけではなく、その活動に心から賛同した人が、その賛同の行動としての寄付であることが求められるのではないでしょうか。

かつては、福祉側から一般の人々への情報伝達が困難でしたので、漠然とした募金もやむを得なかった面があります。しかし今は情報発信が容易です。

活動目的や実績をしっかり発信し、賛同した人が自発的に寄付していく。それなら、寄付に付きまとう不信感もなくなります。不信に感じたら寄付をやめればいいだけです。

福祉のジレンマは、やればやるほどお金が出て行って、活動が困難になるということです。しかし、やればやるほど賛同者が増えてお金が入ってくる、ということになれば、このジレンマはなくなります。

また、渋沢は自分が寄付するだけでなく、人にも呼びかけました。東京養育院を支える慈善会を組織したり、ハンナ・リデルを支援する会合を開いたりしました。寄付の輪を広げていったのです。

寄付の公表

渋沢の名は、施設の寄付者として、しばしば確認できます。つまり、寄付した事実を公表しているのです。困ったことに日本では、匿名で寄付することを礼賛する傾向にあります。たとえば、何年か前に「タイガーマスク運動」なる動きが流行ったことがあります。匿名の人物がランドセルを児童養護施設の贈ったことが発端になって、施設への匿名の寄付が広がりました。ランドセルから始まって、やがて他の物品にも広がったようです。その際にマスコミの礼賛が影響したことは明らかです。

私はこうした動きにまったく賛成できません。この運動では匿名で一方的に物品が贈られましたので、必ずしも施設で必要なものとは限らないことが多々ありました。ランドセルは必需品として施設では予算化されますので、寄付などなくても買えます。必要なランドセルは、その年の新入生の数だけなのに、そういうことにおかまいなしに贈られました。

ある施設では新入生よりもずっと多くランドセルが贈られて、倉庫に放置するしかなかったそうです。匿名なので、こんな無駄なことにもなります。

寄付は、他人に影響を与える社会的な行為です。責任をもって行うべきことです。「善行」なので目立たずに奥ゆかしくやるべき、という発想なのでしょうが、「善行」であってもなくても、他人と関わる以上、責任ある態度が欠かせません。

寄付すると、偽善者だといった誹謗中傷も寄せられるかもしれませんが、そういう可能性を含めて、責任を負うべきなのです。

渋沢は寄付を含め、すべての行動について責任をしっかり負って行動しました。

将来を見通す

確実に来る厳しい未来

福祉をめぐる情勢を見ていて絶望的な気持ちになるのは、確実に来る厳しい未来に、国も国民も向き合っているように見えないことです。

「希望出生率一・八」などという数字を政府が出しました。そもそも国自身の将来推計では一・四です。最悪だった一・二六より少し戻りましたが、その間たくさんの少子化対策が重ねられました。それでようやく、いくらか回復しただけです。どうして、一・八などになるのでしょうか。かつて二百万人を越えたこともある年間の出生数は九〇万人ほどまでに減りました。

要介護高齢者がさらに増加することは確実です。そうなれば、介護の仕事をする人が多数必要になることは間違いありません。今すでに、不足しているのです。悲劇的な未来が迫っているではないですか。

生活保護も、増加傾向が止まりません。これから非正規雇用の多い世代が高齢期に近づいてきます。非正規だった人は年金も十分ではありませんので、この世代の人が非正規でさえ働けなくなると、一気に生活保護の必要が増します。

生活保護が増えているのは、依存的な人間が増えたわけでも、不正が拡大しているからでもありません。社会の構造的な欠陥が増やしているのです。

保護を受けている人をバッシングすれば、気持ちいいかもしれませんが、保護が増えていくことを止める力にはまったくなりません。

具体的提案なく批判ばかりするな、といわれるかもしれませんが、私は批判をしているのではなく、客観的な事実を指摘しているだけです。

渋沢は、客観的な事実を常につかんで、そこから思考しました。しかも、今の事実だけでなく、将来を見通そうとしていました。

●見たくない事実を見る

しかし今の日本人は結局みんな、見たくない事実を見ようとしないのです。

渋沢は見たくない事実を見た人です。ホームレスの問題もそうです。ホームレスの姿を見ること自体、たいていの人にとっては、愉快ではないでしょう。ホームレスを見れば、なぜそのような人がいるのかという疑問につながり、それは社会の影の部分を知ることになります。決して楽しい話ではありません。渋沢は、ホームレスとは無縁の社会的な立場にいましたので、見たくなければ見なくてすんだはずです。しかし、東京養育院を活動の拠点とすることで、常にホームレスだった人と接し続け、その現実を知ることになります。

よく「日本には貧困は無い」などと言い放つ人がいます。実際にはいつもいました。バブル期とて例外ではありません。無いのではなく、その人は見ないようにしていただけなのです。視界に入ってしまったら、今度は貧困な人自身のせいにしています。

非行児童も、見たくない現実の一つです。見ていないから、激減しても増えたと勘違いするのです。しかし渋沢は、しっかり見据えて対応を熟慮しました。

ハンセン病も、ぜひ見たいという人はいなかったでしょう。当時は治療は困難でしたから、ある程度病状の進んだ人は、一見してハンセン病とわかる外見になっていました。医者まかせにして、自分は無視したくなっても不思議ではありません。

渋沢のハンセン病への対応は、今の目からみれば誤りが含まれますが、ハンセン病者がいることについて、避けることなく見ていたのです。

子育て支援が、福祉の課題の一つになっています。子育て支援は、多くの人に関係がありますし、子どもが成長していくという楽しい内容が含まれています。こういう見たくなる福祉の課題もありますが、福祉の支援を必要とする課題は、たいていは見たくないことです。

貧困、児童虐待、高齢者虐待、ドメスティックバイオレンス、多重債務、障害者差別、ひきこもり、認知症、老後破産、老老介護、孤独死。

いやな話題ばかりです。デートのときにこんなことを話題にしたら、すぐに別れることになるでしょう。しかし、現実にはたくさんあるのです。何かそうしたことに絡んで事件が起きると、そのときだけはマスコミを賑わせますが、すぐに忘れられます。

家族と食卓を囲んでそうしたことを話題にしろ、などとは私も言いません。ただ渋沢が、いやな現実を見続けたということを指摘しておきたいのです。

現実の解決を探る

見ることは解決の第一歩ですが、見ただけでは何も変わらないもの確かです。見ない人の言い分は、「見ても何も変わらないのなら、不快な思いまでして見なくてもいいではないか」ということでしょう。

渋沢は、見ただけにとどまらず、解決策を探りました。解決へ向けての施設設置まで、実現したこともあります。

私は、少子高齢化や介護問題などが深刻化することそれ自体も不安ですが、見ない人がたくさんいることがより不安です。

日本の将来が不安視されているのに、若者が意外と幸福感が高いことが指摘されています。幸福感が高いのは、昔のような家事労働はあまりなく、スマホなどで楽しい時間を過ごせることが理由なのでしょうか。

私が大学に入ったのは一九八一年で、学園紛争はすでに過去のものではありましたが、まだ社会の不正や不条理に学生が関心を持ち、怒りを感じることはあったように思います。

しかし今は不正や不条理に、鈍感というより見ていないようです。不正や不条理を見なければ、それなりに幸福感を味わえるはずです。

自分自身は不正や不条理に無縁であるばかりでなく、将来も無縁であり続けることができるのなら、他人がとやかくいうことではないかもしれません。しかし、認知症とか老後破産とか、いつか自分に降りかかるかもしれないのです。

渋沢についての本がたくさん出版されています。緻密に調べて書かれた優れた本もありますが、かなりの本は、人生や経営の勝利者になるための秘訣を、渋沢を通じて知ろうという趣旨です。

私は、渋沢から学ぶべきことは経営術などではなく、現実の厳しい課題に向き合い、解決へ向けての責任を負う姿勢だと思います。

渋沢が一万円札の肖像になることを契機に、渋沢のそうした態度を知って学ぶのであれば、日本の福祉の未来が切り開かれる可能性が広がります。もしも、ますます「渋沢流ビジネス法」みたいなものが、はびこるようでは、日本の将来は停滞と破滅以外にはないだろうと思います。

どういう意図で渋沢が一万円札の肖像に選ばれたのか知りませんが、どうせなら日本の未来を切り開くほうに向かってほしいと強く願います。

おわりに

私は、渋沢栄一の名前自体には学生の頃からたびたび触れていました。しかし「はじめに」でも書きましたように、良いイメージはありませんでした。『公益の追求者　渋沢栄一』（山川出版社）という本が一九九九年に出て、そこで福祉についての章が設けられたのが、渋沢を本格的に学術的な福祉研究の視点で扱った最初ではないでしょうか。同書を見たとき、今にして思えばはなはだ失礼ですが、「渋沢を研究する変わり者の福祉研究者もいるものだ」と思ったものです。

こうして渋沢について、しっかり考えることなく、私の研究は進んでいきました。渋沢抜きの歴史観が形成されたわけです。

渋沢をもっと福祉の歴史のなかで位置づける必要があるのではないかと感じたのは、大谷まこと先生（女性）の渋沢研究に触れたことがきっかけです。二〇〇六年頃だったと思いますが、大友信勝龍谷大学教授（当時）の主宰で行われていた研究会で、大谷先生の渋沢研究の報告がありました。

私は大谷先生がすでに『福祉に生きる　渋沢栄一』（大空社）という小冊子を発刊していることも知らず、最初は「今日は奇妙な研究に付き合うのか」と嘆じながら聴き始めたのです。しかし聴いていくなかで、それまでの歴史研究では論じられてこなかった大きな動きが、渋沢を中心に展開されていたことを知り、報告が終る頃には、やや興奮気味になっていました。

私は姫井伊介という山口県の福祉の先駆者について研究をしてきましたが、孫である姫井正樹氏と大谷先生が友人であることもわかって、不思議な縁を感じました。

その頃私は、長崎純心大学に勤務していたのですが、二〇〇八年から岡山市のノートルダム清心女子大学に移ることになりました。大谷先生は、広島県の福山平成大学に勤務しており、近くになりましたので、交流を深めることができると期待していました。

また、大友教授の編集で、大谷先生との共同執筆の本を出版する計画も進んでいました。ところが、その年の一〇月末に大谷先生は急逝され、交流することも共著を出すこともできなくなったのが残念でなりません。

最後に大谷先生とお会いしたのは、亡くなる半月ほど前、日本社会福祉学会大会の会場であった岡山県倉敷市の芸文館です。そこで会話を交わしたとき、これが大谷先生と話す最後になるとはまったく思いませんでした。

大谷先生の死後、先生の大著『渋沢栄一の福祉思想―英国との対比からその特質を探る―』が、ミネルヴァ書房より出版されました。

この本では、福祉研究者に広がっていた渋沢へのさまざまな偏見や思い込みを払拭し、渋沢の福祉への貢献が丁寧に論じられています。本書が、この本を大いに参考にしているのはいうまでもありません。本書によって、大谷先生の遺志が少しでも世に伝われば幸いです。

その後、渋沢記念館の平井雄一郎先生より、渋沢研究会での報告を勧められ、二〇一三年一〇月に「社会事業史・社会福祉史から見た渋沢栄一」を報告させていただきました。この報告をもとにして、拙著『「地方」の実践からみた日本キリスト教社会福祉』で渋沢について論じる機会を得ました。

大谷先生のお話や著書を通じて、私が博士論文を書くにあたってご指導いただいた一番ケ瀬康子先生が、以前から渋沢を評価していたことも知りました。一番ケ瀬先生は著書のなかで、「渋沢栄一に、私はたいへん敬愛の念を持っております」と言い切っています。

こうして、私は、渋沢を抜きにして日本の福祉を語ることはできないと感じるようになりました。

私は経営者としての渋沢については無知ですので、渋沢についての重要な要素を見落として語っている面があるかもしれません。しかし、貧困者や障害者に向き合った渋沢を論じていくことは、福祉の発展にとって意義あることだと思います。実際に渋沢は福祉に関与していたのですから、それを無視して福祉の歴史を語ることはできないはずです。

本書を書こうと思った動機は、渋沢が新一万円札の肖像になることが決まったことと関係します。報道で渋沢の紹介が繰り返しなされましたが、「日本資本主義の父」という話ばかりで、福祉への貢献にはあまり触れられませんでした。

このままでは、「日本資本主義の父」としての渋沢像のみ流布して、福祉への貢献が忘れられるように感じました。渋沢が忘れられるということは、東京養育院で生活した貧困者や、滝乃川学園で育った障害者を無視することにもなるのではないでしょうか。

今の福祉は、歴史から学ぶことを忘れています。渋沢栄一を介して、日本の福祉の遺産を少しでも多くの人に知ってもらいたいと願っています。

参考文献

【全体を通して】

一番ヶ瀬康子（一九九四）『一番ヶ瀬康子社会福祉著作集　第五巻』労働旬報社

井上潤（二〇一二）『渋沢栄一　近代日本社会の創造者』山川出版社

大谷まこと（一九九八）『福祉に生きる　渋沢栄一』大空社

大谷まこと（二〇一一）『渋沢栄一の福祉思想―英国との対比からその特質を探る―』ミネルヴァ書房

姜克實（二〇一一）『近代日本の社会事業思想―「国家」の公益と宗教の「愛」―』ミネルヴァ書房

五味百合子編（一九七三）『社会事業に生きた女性たち』ドメス出版

渋沢研究会編（一九九九）『公益の追求者・渋沢栄一』山川出版社

島田昌和（二〇一一）『渋沢栄一　社会企業家の先駆者』岩波新書

島田昌和（二〇一四）『原点で読む　渋沢栄一のメッセージ』岩波書店

【第1章】

河畠修（二〇〇六）『福祉史を歩く―東京・明治』日本エディタースクール出版部

菊池義昭（二〇〇一）『福祉に生きる　瓜生イワ』大空社

倉持史郎（二〇一七）「田中太郎の感化教育論―「人道の闘志」の思想的基盤―」細井勇ほか編『福祉にとっての歴史　歴史にとっての福祉』ミネルヴァ書房

黒川みどり編著（二〇〇七）『〈眼差しされる者〉の近代　部落民・都市下層・ハンセン病・エスニシティ』解放出版社
佐々木恭子（一九九九）『福祉に生きる　安達憲忠』大空社
渋沢栄一述（一九三二）『回顧五十年』東京市養育院
東京市養育院（一九三三）『養育院六十年史』東京市養育院
東京養育院編（一九七四）『養育院百年史』東京都
光田健輔編（一九五六）『黎明期に於ける東京都社会事業と安達憲忠翁』同編纂委員会
室田保夫（一九九八）『留岡幸助の研究』不二出版
室田保夫（二〇一二）『近代日本の光と影　慈善・博愛・社会事業をよむ』関西学院大学出版会
養育院の存続と発展を求める全都連絡会編（一九九九）『日本の福祉を築いて127年―養育院の解体は福祉の後退』萌文社

【第2章】

恩賜財団済生会（一九六四）『恩賜財団済生会五十年誌』恩賜財団済生会
全国社会福祉協議会編（二〇一〇）『全国社会福祉協議会百年史』全国社会福祉協議会
藤楓協会編（一九五八）『光田健輔と日本のらい予防事業―らい予防法五十周年記念―』藤楓協会
藤野豊（二〇〇一）『「いのち」の近代史　「民族浄化」の名のもとに迫害されたハンセン病患者』かもがわ出版
光田健輔（一九五〇）『回春病室』朝日新聞社
光田健輔（一九五八）『愛生園日記』毎日新聞社

【第3章】
救世軍（一九九七）『救世軍日本開戦一〇〇年記念写真集』救世軍本営
山室軍平編（一九〇七）『日本に於るブース大将』救世軍日本本営
渋沢青淵記念財団竜門社（一九五九）『渋沢栄一伝記資料　第二十四巻』渋沢栄一伝記資料刊行会
渋沢青淵記念財団竜門社（一九五九）『渋沢栄一伝記資料　第二十六巻』渋沢栄一伝記資料刊行会
渋沢青淵記念財団竜門社（一九六〇）『渋沢栄一伝記資料　第三十巻』渋沢栄一伝記資料刊行会
渋沢青淵記念財団竜門社（一九六〇）『渋沢栄一伝記資料　第三十一巻』渋沢栄一伝記資料刊行会

【第4章】
吉田久一・一番ヶ瀬康子編（一九八二）『昭和社会事業史への証言』ドメス出版
津曲裕次（二〇一六）『鳩が飛び立つ日　「石井筆子」読本』大空社
滝乃川学園監修・編集（二〇一一）『滝乃川学園百二十年史　上・下』滝乃川学園
柴田敬次郎（一九四〇）『救護法実施促進運動史』巌松堂書店

【第5章】
『復刻版　東京市養育院月報』不二出版
『復刻版　慈善』生活社

◉著者プロフィール

杉山博昭（すぎやま・ひろあき）

1962年生。

日本福祉大学大学院社会福祉学研究科修士課程修了。博士（学術・福祉）。

特別養護老人ホーム、障害者作業所勤務を経て、1994年に宇部短期大学（現・宇部フロンティア大学短期大学部）講師。2000年に長崎純心大学助教授。2008年よりノートルダム清心女子大学教授。

主著『近代社会事業の形成における地域的特質－山口県社会福祉の史的考察－』『キリスト教福祉実践の史的展開』『福祉に生きる　姫井伊介』『「地方」の実践からみた日本キリスト教社会福祉』『福祉が壊れる』『近代における社会福祉の展開－山口県での実践の地域性－』

渋沢栄一に学ぶ福祉の未来

発行日　2019年12月25日　第1刷

定　価　本体1500円＋税
著　者　杉山博昭

発　行　株式会社 青月社
〒101-0032
東京都千代田区岩本町3-2-1 共同ビル8F
TEL 03-6679-3496　FAX 03-5833-8664

印刷・製本　ベクトル印刷

ISBN 978-4-8109-1336-1